21世纪法学系列教材

基础课系列

英美法入门

——法学资料与研究方法

杨 桢 著

U0361993

北京大学出版社
PEKING UNIVERSITY PRESS

图书在版编目(CIP)数据

英美法入门/杨桢著. —北京:北京大学出版社,2008.10
(21 世纪法学系列教材·基础课系列)
ISBN 978 – 7 – 301 – 14114 – 4

Ⅰ. 英…　Ⅱ. 杨…　Ⅲ. 英美法系 – 高等学校 – 教材　Ⅳ. D904

中国版本图书馆 CIP 数据核字(2008)第 115993 号

书　　　名:**英美法入门——法学资料与研究方法**
著作责任者:杨　桢　著
责 任 编 辑:冯益娜
标 准 书 号:ISBN 978 – 7 – 301 – 14114 – 4/D·2104
出 版 发 行:北京大学出版社
地　　　址:北京市海淀区成府路 205 号　　100871
网　　　址:http://www.pup.cn　电子邮箱:law@ pup. pku. edu. cn
电　　　话:邮购部 62752015　发行部 62750672　编辑部 62752027
　　　　　　出版部 62754962
印 刷 者:三河市北燕印装有限公司
经 销 者:新华书店
　　　　　　730 毫米×980 毫米　16 开本　10.5 印张　180 千字
　　　　　　2008 年 10 月第 1 版　2011 年 11 月第 2 次印刷
定　　　价:20.00 元

A man has but one youth, and considering the consequences of employing that well, he has reason to think himself very rich, for that gone, all the wealth in the world will not purchase another.

Sir R. North, *On the Study of the Laws*

I,_____ , swear by Almighty God that I will at all times and in all things do equal justice to the poor and to the rich and discharge the duties of my office according to law and to the best of my knowledge and ability without fear favour or affection.

The Substance of Oath Taken by a Justice of
the Supreme Court of Victoria, Australia

序　言

吴志攀[*]

一

　　杨桢教授是台湾东吴大学法学院前院长。三十多年前，他到澳洲学习英美普通法，后回台湾东吴大学法学院任教，从事英美法教学工作，一直到现在。在东吴大学，杨教授主要讲授英美契约法等课程，他所著的《英美契约法》教材先后在台湾地区和祖国大陆出版。这本教材条理清楚、内容丰富、应用性很强，文字严谨又不乏生动，很适合教学，学生也爱读，所以在祖国大陆市场上畅销，多次修订重印。

　　前不久，杨教授来北京访问，将《英美法入门》的书稿给我，嘱我看完之后写序。

　　杨教授的书稿，我读得很入迷。一连好几个晚上，再加上周末的大块时间，我都舍不得放下。此时刚好中秋，眼前的书稿，好似有韵律的涛声，有诗情的月色，读这样的好文字，是这个时节的最美好的享受。

　　杨教授年纪长我十几岁，他的文笔老到，经验丰富，朋友遍布五洲四海，见多识广。他的文字，正像作者的性格，厚重而不失灵活，沉稳但有时激扬。平常，他偶尔来北京住几天，一来看孩子，二来访友人。我每次与杨教授见面，他一定会带一些好看的书送我，我也一定送自己初学的画给他。这种读书人之间的交谊，平淡，但是绵长。

二

　　读完这本书稿，我想了很多。作者除了介绍英美法的基础知识外，更注意介绍英美法学教育的经验。我深深体会到，我们的法律训练，与英美法国家的法律训练，从技术层面比较，有许多不同，或者说是差距。也许正是因

---

　　[*]　北京大学法学院教授，校务委员会常务副主任。

为这些不同,使得我国包括法官、检察官、司法行政官在内的法律人劳动力成本明显偏低,而社会交换成本又明显偏高。

杨教授在书中讲述了他的经历:在他初到澳洲,刚开始学习英美法时,教授先让他阅读的并不是法律教科书,也不是选修任何一门法律专业课,而是让他先读"工具书":《如何学法律》、《法律研究方法》和《资料和方法》。这三本书,他读了三个月。

1991 年我在美国哈佛大学法学院进修时,那里的法学院学生也开类似名称的课程。而 1978 年我考入北京大学学习法律时,一开始就上法学基础理论、刑法、民法、宪法、法制史等专业课程。那时,我们的法学教育刚刚恢复,缺乏法律研究方法的训练,这样的课程安排在所难免,也是可以理解的。但是,现在已经发展了快三十年了,我们依然缺乏法律研究方法方面的训练。由于缺乏研究方法的训练,现在法学院研究生招生的人数提高了许多,但是研究论文的整体水准和引证率却没有同步提高。

缺少方法论的训练,文献积累的意识不够,缺乏本学科的文献目录学知识等问题,直到现在,依然如此。我们的法学教育和律师训练还是重知识而轻方法,重论述轻资料,以论代证。祖国大陆目前已经有几百家法学院了,可有几家开设了法律研究方法等工具类的课程呢?我们是否有系统地讲授法律资料库、案例汇编资料、法规汇编资料、法学评论或期刊、法律百科全书和其他法律工具书的课程?据我所知,也许有,但并不多。而且,究竟怎样对学生进行方法论的训练,我们至今仍缺乏经验。

英美法学院之所以能给一年级学生开设工具类的课程,一个重要的背景是那里的法律和案例资料,经过多年积累,早已经是非常体系化、程序化、公开化了。英美法国家的法律体系化程度高,法律编排体系比较科学,接受法律训练的学生所获得的法律专业知识是一致的,法律专业人士对法律的基本理解也是相同的,对律师和法官的职业技术要求也是统一的。

英美法入门,首先遇到的是案例汇编、律师训练方法、法律图书馆、法律百科全书等,然后是学著作案例摘要、写案例分析报告、援引法律规则等。通过法律专业的写作和口头辩论训练,使学生逐步学会像教授那样对法律进行思考,像律师那样对案例进行分析,像法官那样在审判时表达。

所以,在进入法学院之初,就要先熟悉法律体系,了解法律的编排系统,沿着有效的学习路径,在浩如烟海的法律资料中,既不迷失方向,又能顺利驶向成功的彼岸。杨教授在这本书中,介绍的就是他自己学习英美法时亲身体验过的这些学习经验和研究方法。

　　更加难能可贵的是，杨教授在介绍他的个人经验和通用的学习方法时，不是平铺直叙，而是结合历史，比如介绍美国的律师制度，就是用生动的例子，如丘吉尔求学的经验，给读者娓娓道来。

　　在这本书里，杨教授还讲授了东吴大学学习、研究、传授英美法的传统经验。这些史料过去听说过，但是没有这样详细地了解。杨教授作为亲历者谈自己的体会，最真实，也最具体。总的来说，作者的态度，严谨而亲切，选用资料具体而简练，他真是我们的良师益友。

三

　　读完杨教授的这本《英美法入门》，我还有别的一些想法。

　　我国的治学传统本来是比较重视对初学者进行方法论训练的。这种训练当然和当代西方社会科学领域的训练不同，我们过去常常讲学问有"家法"，有"路数"，一个人治学如果没有这些章法，那可能就不能入流。我们的一些老辈的学人，从小就在家庭里得到很好的指导，这叫"幼承庭训"。我们的治学传统是最看重这个的。但是，这个好的传统没有能够很好地继承下来，尤其是没有能够和教育制度的变迁、社会科学的发展结合起来，这是非常可惜的。

　　我国古代也有很好的"入门类"工具书。例如东汉许慎的《说文解字》，这是学习和研究汉字的工具书，要学懂"六经"，就要先"识字"，所谓"由小学入经学者，其经学可靠"，这本《说文解字》就是研究经学最重要的"入门书"。这本"入门书"随着历史的发展，本身也成为被研究的对象，成为中国文化最重要的典籍之一。

　　这方面的例子还可以举出很多，我国有一个非常了不起的传统，就是常常由中央政府组织编纂大型的工具书。比如汉成帝的时候，朝廷向民间征求书籍，并命刘向等清理皇家藏书。"每一书已，向辄条其篇目，撮其指意，录而奏之"。后整理成为《辑略》，分别作《六艺略》、《诸子略》、《诗赋略》、《兵书略》、《术数略》和《方技略》，合称"七略"。这可以说是当时最伟大的历史文献工具书，对于研究先秦的历史提供了重要帮助。

　　又比如唐宋以来陆续出现了杜佑（唐）的《通典》、郑樵（宋）的《通志》、马端临（元）的《文献通考》等"十通"，要研究历朝历代的典章制度，都离不开这些大型政书。

　　当然，集大成的要算《四库全书总目提要》。清乾隆年间，在修《四库全书》的同时，编成了《四库全书总目提要》，按经、史、子、集四部分类。有了这个《提要》,对中国古代文献的学习、研究就有了"谱",读书就有一个方向。要想懂得"国学",不研究这个《提要》是不可能的。

很可惜,这种良好的治学传统,由于许多原因,我们也没有很好地继承。

在西方或者在日本,社会科学研究是非常重视文献积累、目录整理这些工作的,资料工作做得很扎实、很细致。在他们的研究型大学里,对方法论看得也特别重,因为有了好的方法,有了方法上的创新,就会在学术上取得重大突破。前几年,有人呼吁注意外国出口到我国的图书,比我国出口到外国的图书码洋高十倍,也就是说我国图书进出口贸易存在十倍逆差。这还没有图书在使用资料的品质方面进行比较呢?书不在多,而在精,如果我们的图书,能够在资料的品质上更加精致,并在图书品质方面超过西方进口的图书,"以一当十",又有什么不可以呢?现在的问题是,我们图书资料品质方面还有很大的差距。

在世界大学史上,法律、医学和神学是三门最古老的学科。法学需要长期专业知识的积累,需要了解和掌握大量的专业术语,知识构成要求比较复杂,所以法学专业训练的时间应该比较长,可是现在却越来越短了。而医学还保持稳定的长时段培养要求,品质有所保障。不过,尽管缩短了学制,幸好在法学本科四年专业学习后,还必须再参加国家举行的司法考试,获得执业资格,这才使品质有所保障。通过司法考试者,才可以从事专业律师或法官、检察官等职业。

可见,法律专业的门槛比较高,法律工作者基本上是专业型的"铁饭碗",进入这样的专业学习,需要个人的聪明和毅力,也需要良师引道、帮助,更需要好的工具书、好的方法论的教育,否则"入门"都不容易,更难以"登堂入室"。

祖国大陆的法律体系和英美法系不同,但是,我们在法学教育方面有必要学习西方的先进经验。我真诚地期盼,能有更多的学者,贡献自己宝贵的时间和精力,编写好的入门工具书,让法学专业的学生,知道本学科发展的历史是怎么样的,相关法律的体系是怎么样的,资料该去哪里查,哪些书是必须读的,哪些期刊是要常常看的,法律条文的权威解释是怎么样的,经典的案例都有哪些⋯⋯这些都是最基本的东西,但是需要细心的人非常辛苦地去整理和总结。

在这样一个基础上,我们还要接受现代社会科学的方法论训练,要读得懂论文,也能区分什么研究"好",什么研究"不好"。对于好的研究论文,要学习。对于不好的研究论文,不要浪费时间去看,更不用花时间去"商榷",倒是要冷静下来思考:这种不好的论文为什么还能够发表?只有将学问做得扎实、细致,我们的法学研究和法治建设才可能不断取得进步。

自　序

　　1970 年笔者第一次到澳大利亚 Monash 大学法学院攻读硕士学位时,当时的法学院院长 David E. Allan 教授是我的指导教授。第一次与我会面谈论攻读课程及研究计划时,Allan 教授首先指出,你从研究大陆法系的学校毕业来到英美法系国家学习法律,先不要急忙上课或研究专题,我推荐三本书让你念三个月,读完后我们再讨论以后的攻读计划。他推荐的三本书是 Glanville Williams 的 *Learning the Law*;E. Campbell 及 Donald MacDougull 的 *Legal Research:Materials and Methods*,另一本是有关法律伦理学的专书。我在三个月内将这三本书读了一遍,特别是前面两本书,读完后深受启迪。*Legal Research:Materials and Methods* 一书中指导法律系的初学者,在一个博大深远的英美法图书馆中,面对如此巨大数量渺如瀚海的各式法律书籍,如何找到个人所需的资料呢? 这本法律研究书告诉初学英美法的学子运用图书馆的答案及方法。

　　1994 年在哈佛大学法学院进修并重写《英美契约法论》中文本一书时,即想再编写一本初学法律的书籍,但因种种因素,未能成书。近年来重新研读、搜集资料,并由杨自然协助整理、翻译乃编写成这本《英美法入门——法学资料与研究方法》一书,这本书除了以 *Legal Research:Materials and Methods* 一书为主,介绍如何在英美法法律图书馆中寻找资料共 13 章外,同时亦告知初学者如何研读法律案例的各类必要知识,同时亦另有专章讨论攻读英美法的理由与方法等。一个法治国家的建立,不是一蹴即至,我们从第八章美国法律的演进及现状可知道它的轨迹,同时亦可看到英美法在美国的演进阶段及理由。英美法的法律判例或法律文件中,使用很多的拉丁字及法文,本书附录将重要词汇及外来语用英文解释列之于后,供读者参考。同时有立志篇一文附于后,介绍吾师李俊博士的奋学精神,可作为青年朋友效法的榜样。十年前我与吴志攀教授结缘,邀我到北大法学院授课,给我许多协助,友谊与日俱进。这本“入门”小书承蒙吴教授在百忙中为之写序,并提供宝贵意见,使我受益匪浅,特此致上深重的谢意。

　　《英美法入门——法学资料与研究方法》是一本工具兼法律知识的书籍,对赴英美及英联邦国家等地学法律的学子特别有指引的功能,出版的目的也是希望能对有志于英美法学习的年轻攻读者有所帮助。但学海无涯，取材或编写本书内容或有未尽周详、挂漏之处难免，敬请海内外高明赐予指正，则不胜感激之至。

杨 桢

2008 年 9 月于北京

目 录

导论　学习英美法的理由与方法

第一节　东吴大学法学院的经验

东吴大学法学院于1915年创立于上海,由于当时仍处于外国势力治外法权的环境下,上海地区所发生的民刑诉讼案件均由享有治外法权的国家用其本国的法律来审理其所治理地区的案件,而英国为最早在中国享有治外法权的国家,因此英国在上海地区首先引用英国普通法(Common Law)的有关法例,由英国人任法官审理在上海英国治外法权所及的民刑案件。英国的普通法为英国及英联邦各国经历数百年演进而来的判例法所累积而成的法律结晶,凡在英国本土及其所统治的殖民地地区,英国人均将其法律制度及法律引入当地而加以推行适用,如在早期的美国及加拿大等地区曾被推行适用。在此一背景下,在上海的英国享有治外法权地区所发生的民刑案件,用英国普通法惯例来审理自然是顺理成章,但是对上海地区,特别是英国治外法权地区内的中国人民自然非常地不适应,特别是法庭审案时均以英语为之,这对当地人士造成极大的困扰及麻烦,中国的法官及律师因不谙英文,更不懂普通法,在英国的这些法庭中毫无作用。在这种时空背景下,主校区原在苏州由基督教会所办的私立东吴大学(Soochow University),1915年在中国商业活动最频繁的上海地区创立法学院,其创院的最主要目的是培养通晓英语及英国普通法的法律人才。当时的设计是招收大学已毕业或正在大学求学的学生,晚上到东吴大学法学院修读法律,法学院首任院长为英国法律学者,任课教师大都是受过英国普通法训练的学者、法官及律师,法学院所开课程除部分与中国有关的法律课目外,大量开设英美法课程,例如侵权行为法(Law of Torts)、英美契约法(Anglo-American Law of Contracts)、衡平法(Equity)、英美刑法及刑事诉讼法(Criminal Law and Procedures)、英美民事诉讼法(Civil Procedures)、英美宪法(Constitution Law)、英美财产法(Property)、英美买卖法(Sales)及证据法(Evidence)等,师长教学认真,学生学习扎实。学生毕业后,有立刻投入当地外国人治外法权区域的法院工作者;有担任律师或担任法官者;也有出国深造,追求更高学历及法律知识者。当时的东吴大学法学院为国家造就了许多人才,不但解决了英美国家在上海治外法权下法院中缺少通晓普通法及英文的人才缺口,而且对中国当时的商业发展及国际贸易亦作出了积极的贡献。

　　1949 年在台湾的东吴大学校友有鉴于东吴大学法学院在两岸法学界的贡献及影响,于 1954 年先在台北设立东吴大学法学院夜校,招收高中毕业学生入校攻读四年毕业,学生分两组,一为大陆法组,一为英美法组。英美法组大量研读英美法课程。1958 年,正式恢复东吴大学法学院,对外招生,为延续法学院教学英美法的优良传统,招收高中毕业生入学攻读五年毕业,五年修习中,英美法课程列为必修科,不及格者不得毕业,英美法导论(Introduction to Anglo-American Law)、英美侵权行为法、英美契约法、英美刑法及刑事诉讼法、英美民法及民事诉讼法(Civil Law and Procedures)、美国宪法等为必修课,教学材料均为英文原文,授课时尽量以英语授课,考试试题为英文,学生亦必须以英文回答,上课时老师以英美案例教学法(Case Method)训练学生对问题的即时反应,对英美法案例复杂的内容找出双方当事人间的争点(issue)所在,法院处理该案件的方式、方法及判决的理由等,使学生在求学期中,以潜移默化的方式受到逻辑的训练,为日后踏入社会或追求更高一层学问打下良好的基础。当然,在五年求学中,阅读数百至上千的原文案例(cases),其英文程度之提高、心态之成熟以及看待法律问题的敏锐等训练非身受其中的学生所能体会。学生踏入社会后,更能体会学习英美法的好处,而在工作中学以致用。因此,东吴大学法学院在台湾地区复校约五十年中的英美法教学经验是:学生在求学时对学习英美法课程往往采取反对或不认同的态度,因为在求学期中花费大量时间研读英美法课程会影响彼等攻读大陆法课程时间,台湾地区法律系毕业生如要取得律师、司法官及检察官资格必须参加司法人员特考,而司法官特考的试题中并不考英美法科目。此种论点表面上看似不无道理,但结果是凡考上司法官及律师的本校法律系毕业生中,均是英美法学习成绩优秀的学生,而那些不重视英美法课程,将大部分时间花在大陆法课程的学生,其考试结果并不如英美法学得好的学生,此种现象甚堪玩味。台湾东吴大学法学院曾作过若干校友毕业后的民调,均一致认为学习英美法对他们日后在社会工作上很有帮助,千万不能在课程中取消或更改,而在求学中的学生反应态度是最好不要念英美法,其所持理由是花时间而特考亦不考。懒人的借口总是多样化,不过东吴大学法学院仍一本初衷,延续研读英美法的传统,仍然坚持研读英美法教学至今,为其法学院特色之一,其结果是使毕业学生更能在社会司法界适应工作并可更进一步发挥所长,在各行各业中表现优异,为同行中参考的重点,亦为法学教育过程中值得重视之处。

第二节　英美法对世界各国及国际贸易的影响

当今世界众多国家的法治不外受到两大主要法系的影响,即英美法系(Anglo-American Law)及大陆法系(Civil Law)。由于在 17、18 世纪是大英帝国(British Empire)主宰世界事务的全盛时期,英国人民及英国统治阶级所到之处,亦将英国的法律制度及法治引进当地施行,英国统治殖民地的时间愈长,英国的英美法的法制愈能进一步落实。当大英帝国没落后,撤离殖民地,该殖民地宣布独立自成国家时,英国的法治已根深蒂固地建立在当地而无从更改,因此在今日英联邦国家(Commonwealth Countries),均为英国普通法所影响下的法系国家,例如澳大利亚、新西兰、印度、巴基斯坦、加拿大、马来西亚、新加坡以及中国的香港特别行政区等一百余国家及地区。美国虽不是英联邦的成员,但美国二百余年前殖民时期接受英国普通法为当地的法律,为英美法系的主要国家。因此,施行英美法系的国家及地区,在整个世界中超过一半以上应不为过。又由于 20 世纪及 21 世纪仍以美国立于主导地位,其影响所及使英美法影响国际贸易原则的建立及处理,例如海商法及保险法均深受英、美两国的影响,其他如国际上之谈判等,均可看到英美法的影子及影响,因此,大陆法系的学生学习英美法,决非崇洋,而是如何立于平等地位以争取到自己应得的权益,最起码亦不能受到欺侮而吃亏。换言之,一个熟知英美法背景、受过英美法训练的人士与坐在对面的英美人士谈判某一法律事务时,所得的结论虽不能说占到便宜,但吃不了大亏应该是可以预见的结果。

目前英美法系国家及大陆法系国家均参与世界贸易组织(WTO)成为会员国,在 WTO 项下的各项规章的订立及实行,均受两大法系影响而为各国所遵守,例如在联合国主导下所公布的 Unitroit Principles of International Commercial Contracts 中的某些条文,可以看出英美法与大陆法的影响,特别是在联合国 UNCITRAL 主导之下另一有关国际间买卖商品之国际公约(Convention for the International Sales of Goods, CISG)于 1998 年开始实施。其中国际贸易交易过程中之要约与承诺,将大陆法的观念与英美法的观念纳入其中,例如该公约第 23 条规定,国际贸易交易商品之要约采到达主义,当时民间之承诺亦采到达主义而不是采取英美法的承诺发信主义的原则。该公约目前已有五十几个国家参与签署,其中包括美国、加拿大、中国、法国、德国及墨西哥等国。目前,欧盟(Europe Union)规模愈来愈大,形成一个不容忽视的经济体,而欧盟的若干行政指令除规范了欧洲联盟的各国外,世界其他国家如欲与其进行贸易行为,则势必受其影响及约束,其中商品交易的国家,不能不留意欧盟所公布实行的 Principles of European Contract Law,欧盟主要成员的英国是英美法的领袖国家,欧洲契约法原则中包括英国契约法中之观念自属当然,吾等研读法科之辈不能不注意及此。

第三节　台湾所受英美法影响的法律

台湾地区采市场经济体系,四五十年前,台湾地区大量留学生赴美留学,学成后回台从事各行各业的工作,将欧美资本主义管理的方式移植到台湾逐步实施,而法治亦为其中一环。台湾地区法律因属大陆法系,20世纪50年代及60年代自欧美引进的法律制度尚少,但自台湾大力引进外资投资台湾发展经济时期,"政府"主管部门的法律主管草拟外国人投资条例、投资奖励条例等一系列的法律时,英美国家管理资本主义的各种商业活动的法律则不能不被借重及利用或参考。1976年《动产担保交易法》的立法可说是台湾引进英美法观念及原则的开始,其中 Leasing and Franching 的有关内容被大量借鉴。而在20世纪80年代及90年代,由于社会经济活动的成熟,日常经济活动的频繁,台湾参考美国的消费者保护法中有关的观念及原则于2003年公布实行消费者保护法,其中消费者购买物品时的冷却期(cooling period)即为英美法国家保护消费者的措施之一。至于其他有关经济活动的金融六法①、保险及证券交易等方面的法律,大多参考借鉴美国在此方面的实务而立法规范台湾此方面的经济活动,使台湾在此方面的法治符合国际上的标准,使国际上跨国公司在台湾从事经济贸易活动时,有法可循,而不致要从事某行为时不预知可能的后果是什么。

台湾除在上述各领域引进英美法外,在刑事方面亦同样引进英美法,例如在刑事诉讼中,法院采取英美法的交互诘问制度(crossing examination)以及控辩交易(plea bargaining)制度、污点证人等英美法的刑事政策制度,对发现真实及保障人权方面不能不说是一种进步。由于此种制度尚属引进初期阶段,很多的磨合尚待慢慢建立。而日本一向是典型的大陆法系国家,但

---

①　台湾于2003年至2006年所通过公布实施的金融六法为:《金融机构合并法》、《金融控股公司法》、《金融资产证券化条例》、《不动产证券化条例》、《企业并购法》、《票券金融管理法》。

自 2009 年 5 月,刑事案件审判时将正式实行陪审团(Jury)制度,可见大陆法系国家借重英美法制度的实例。

第四节　世界的潮流

　　由于科技的进步与发展,世界各地人民的来往及商业交易的频繁比过去的任何一个时期更兴盛而活泼,交通的便利与发达更拉近了各国的距离,全球化(globalization)已非遥不可及的希望,而且进展迅速,各国之间的贸易依赖性亦比任何时期更重要,联合国项下的 WTO 的会员国亦超过一百余国家,凡贸易强国或地区均为 WTO 的会员,彼此间的贸易秩序的维持为 WTO 重要任务之一,使世界各国人民生活水准得以提升,真正落实到各国世界村的境地,而国际贸易的目的主要乃在实行比较利益(comparative advantage)下各国能得到贸易的好处。在此前提下,为排除各种贸易障碍,WTO 的任务繁重,而各会员国虽来自各不同法律体系,其思维模式或有不同,既为成员国之一,为了自身国家利益,去了解不同法系的特点及特质乃为当务之急,不管吾人喜不喜欢英美法,但身处在地球村中之一分子,自不能置身事外。而世界贸易强国均为 WTO 会员国,彼等法律专家影响 WTO 决策的形成或处理贸易争端的方法等均不能忽视,此亦为吾人在求学过程中,不能忽视英美法学习的重要,特别是在国际贸易谈判中,英美人士极为强调双方当事人间的对等与对价(quid pro quo)的观念,这种观念即为英美普通法行之数百年之久的一个法律观念,由于数百年来的影响,此一观念已深植英美人士心中,表现在日常生活或商业或其他活动中乃属自然而不足为怪也。

第五节　学习英美法的方法

第一款　如何研读案例

　　当我们学习英美法课程时,担任英美法教学的法学院教授主要的教学方式不外以课本(text book)教学或以研读案例(cases)教学。多数英美法学院以案例教学法为法学教育的重要研读方法。所谓的案例教学法是以美国哈佛大学法学院为首创的教学方式,依此方式训练的学生不论在法律知识或在逻辑、口才、反应等方面均有极佳的表现。同时在一个复杂法律案件中,如何掌握或确定该案件重点的训练尤其值得称许。由于案例教学法的成功,其他美国法学院起而效尤,成为教授法学课程的主要方式之一,同时亦影响到其他实施英美法国家的法学教育。由于英美国家的法学院兴起对法律课程以案例教学的方法,而各种法律课的案例教科书(case book)则大量应运而生,此类教科书所编入的案例由著作者所受法律教育或法律知识修养的不同,同一科目的 case book 可能就有不同选择案例的方式,因而呈现出不同版本及特色的 case books。学习者必须在法学院的图书馆中多所浏览及比较彼此间之差异,而选择一本比较完整的案例教科书来研读,如此方不致对这一法律课程有以偏概全的缺点或错失课程重点的疏漏。例如英美契约法、英美侵权行为法及美国宪法等,每一科目的案例教材不下十数种,由不同作者以各种不同主题或方式编排出版,书目琳琅满目,以供读者选择应用。

在此要特别说明的是,以上各名家所编著的案例教科书中的案例均选自已判决并编入司法系统中案例汇编中的案例。由于编入的案例资料繁多,有时内容多达半本或整本书中,因此,作者就将 Law Reports 中他认为最重要或必需的案例部分,选入其教科书中,所以我等在研读英美法案例时,千万不要以为案例教科书中所编入的 case 是该案例的全部内容,其实仅是全部案例的一部分而已,如欲窥探该案例的全貌,必须到图书馆里从 Law Report 中找出该案例的原卷仔细阅读方不致挂一漏万,同时教科书中有讨论本案例的其他资料亦应找出阅读比较。当然此一过程是一件非常辛苦及费时做学问的功夫,不下深功夫,学问不会扎实,也不会学到英美案例的精髓。而本书从第一章以下,则试图指明如何在法律图书馆查找这些案例及资料。

当我们要研读一个案例时,案例教科书中的 case 也许只有二三页,但在 Law Reports 中的该案例中可能有 250 页之多,如何着手查阅是一个困扰问题,以我个人浅见,case 在我们面前时,先从头到尾看一遍,有生字时必须用大字典及法律字典,将生字弄清楚,然后再仔细而深入地读一遍,并研究深思本案的全部过程,用笔记以下列方式条理分明地写出来。专案不外下述各重点:

Johnson v. *Peter*

　A. Facts.

　B. Issues.

　C. Plaintiff's arguments in this case.

D. Defendant's arguments in this case.

E. Court judgment and its reasons.

F. Legal principles lay down by the court of the case.

G. Conclusion：What legal principles we have learned from this case.

倘我等深读一个案例比照后,以上述专案将之做成英文笔记,上课时教授讲授此案时注意听讲,比照与自己笔记内容有无差距或对本案有不明了处得到澄清,下课后再将笔记更新补充,如此一来,不但英文写作会进步,这个案例也将永远深植研读者心中,很难忘记,终身受用。

第二款　语文的重要

吾等法律人所从事的工作是法律工作,不论将来的工作是法官、检察官、律师或法律学者、政治家、企业家等,我们使用的工具——文字必须充分掌握,换言之,即要掌握所使用的文字及语文,说理要清楚通顺,合乎逻辑及掌握重点,因此我们中国人必须将中文学好,有一定的程度看得懂法律书籍,同时要能充分表达出来,使大家知道你所要表达的是什么,这是非常重要的一点。如何能将我们的母语——中文学好？这是每一法律学者所要面对的问题及寻找答案的工作,其实任何学科的学习都要从基础方面下功夫,功夫愈深,程度愈好。以中文为例,要学好她不外将古人所写的好文章多背诵,背得愈多,将来下笔为文则必然文思泉涌,好的文句均为我用,可以写出文理并茂的文章。另一奇妙之处是,古文读多了,写白话文时亦有奇助,如大学者胡适先生古文根基深厚,日后所写的白话文自然生动,言之有物。当然在 21 世纪的今天,有人认为提倡多背诵古文乃一落后而浪费宝贵时光的工作,不值一倡。这是一个见仁见智的问题,只有如此下功夫的人才深知其中收获的三昧。今日我们法律人有时需要查找早期法院判例,例如大清律例、民国初年最高法院的判例等,其判决书均以文言文书写,如果吾等法律人没有阅读古文的训练,则不能很好地阅读早期法院判决书作为研究学问的参考。这一点留待学法者自行斟酌古文及语文的重要性,以及如何去掌握自己的母语而使其成为我们法律人发挥法律专长的有效工具及事业成功的保障。

本书的重点乃是讨论及介绍如何学习英美法,既然是学英美法,而英美法系是以英文为主的判例法,因此通晓英文变成非常重要,英文不通如何去研读英美法？当然可以阅读翻译本,从中吸取英美法课程的知识,但这种间接的方法无法直接领略英美法判例的真髓,还是自己通晓英文并学习英美法各种科目而得到英美法的知识比较直接及重要。那么怎样学好英文? 在讨论各种学习英文的方法之前,让我们先看看英国一位伟大的政治家及战略家丘吉尔(Sir Winston Churchill)先生在他退休后所写的回忆录中的若干的启示。

　　第一目　英国大政治家丘吉尔的求学经验

　　英国20世纪伟大政治家丘吉尔在战争危难中,出任英国首相领导全英国对抗纳粹德国,第二次世界大战中的卓越表现令人印象深刻,特别是在战争最困难时期他所发表的动人心弦的演说更是为世人所钦佩。该演说深入浅出,打动人心,鼓舞士气,影响深远。丘吉尔为什么会说出如此动人的演讲文呢? 如要寻找此一答案,可以在丘吉尔于战后所写的回忆录中得到解答。丘吉尔出身贵族家庭,父母社交繁忙,无暇照顾年幼的丘吉尔,幼时由佣人照顾起居,当丘吉尔读小学时,英国贵族一向流行将子女送到贵族寄宿(Boarding School)学校就读,学生住宿学校学习,每到放假时才可回家与家长团聚数日。丘吉尔在小学时,智力未开,学习成绩非常差,到小学四五年级时跟不上进度,因此一再留级重读,学校当局经常将丘吉尔的母亲请到学校来讨论丘吉尔的学习情形,认为丘吉尔可能是智障儿,要求将其转学到特殊学校去学习,而丘吉尔母亲每次均恳请校方宽容,允许其子继续在学校上学,留级也可以。这一段经历在丘吉尔日后的生涯中影响深远,并深受其益。原来丘吉尔小学就读的学校在四年级升上五六年级时就不用读英文了,而要读上流社会流行的拉丁文,由于丘吉尔在小学三四年级一再留级,只能一再读英文课本,一而再,再而三地读英文,英文的基础结构及好的文章早已深植脑中永志不忘,因此在他日后的回忆录中描述这一段经历时写到:

> By spending so long in the lowest form, I gained a great advantage over the cleverer boys, for I got into my bones the structure of the normal British sentence which is a noble thing.

　　丘吉尔童年的这一段经验,无意中对其母语英文下了深功夫,基础英语文章可深入脑海而背诵如流,日后做战地记者、从军及从政所写文章或演说,均能打动人心,而其文学著作更得到诺贝尔的文学奖,可知世人对他文学造诣的肯定。特别是他在第二次世界大战期间,德国不停轰炸伦敦,伦敦几乎变成废墟,英国人民身心受创,士气低落,他以首相身份对英国全国人

民发表谈话,鼓励全国人民,使士气大振,其中有几段文字至今仍为世人所称颂:

> We shall fight on the beaches, we shall fight on the landing grounds, we shall fight in the streets and in the fields, we shall fight in the hills, we shall never surrender.

看看这段文字多么有力量及气势,文字非常浅显,但力量及影响无穷,这就是语文超深造诣所发出的魅力,对我们学习者是一个很好的例子①。

目前流行且为大家所接受的英文是以简单的字汇、短句来表达一个深层的意义,早期那种长句集合式,使用深奥艰涩文字表达的文章已愈来愈不受欢迎,而渐少使用。请看本书附录澳大利亚维多利亚省社会人士对安置戒毒人士的公开信可以作为参考。另外,美国国务院公报或美国总统的演说文都是向这一趋势发展。

总之,要想学好英文,下深功夫是少不了的,功夫下得深,成绩一定会出众,好的文章多看多背诵,日久即为我所用,成功条件无他,唯用心而已,本书另附录介绍吾师李俊大博士在国外求学的奋学苦读精神,尤其值得吾人参考效法。

第二目　法律人的生涯规划

我们学法律的目的何在?每个人的答案可能有所不同。学校毕业后,由于每个人对法律的坚持或人生的机遇而有不同的结果或结论,也许经过二十多年生活的磨炼或可看出端倪。但法律人在求学期间,生涯的规划不外如下几项:

甲　继续深造

大学毕业后,有志于学术的研究,或要追求更高学术成就者往往要出国深造,目前海峡两岸学子出国深造仍以去美国为主,当然其他国家如英国、德国、日本或澳大利亚、加拿大等国家亦逐年增加。就以去美国法学院深造为例,可研读比较法硕士(MCL)、法律硕士(LL. M.),非法律系毕业而入法学院攻读法律三年的法律博士(J. D.)等。J. D. 在美国为专业学位,J. D. 毕业后可以参加各州的律师资格考试,律师考试通过后,可以做执业律师或入司法系统出任检察官、法官等。美国法学院毕业生参加律师资格考试的通过率约百分之七十五以上。如欲求得更高学位,可以攻读法学博士(J. S.

---

① Lord Denning, "Law and Life in Our Time", *Tasmanian University Law Review*, 2, 1964—1967, p. 358.

D 或 SJD),法律哲学博士(Ph. D.)或对法律学术有贡献的学者,美国法学院颁发法学博士(LL. D.),此学位不是以修满学分或通过论文为要求,而是以审查出版法律专著对法学有显著的特殊贡献时才获颁发。在美国修习博士所费时间,J. D. 学位约三年,要修完规定学分,不需交论文;其他博士学位约三年至六年间可以完成,其间自己用功的程度以及与指导教授间的互动情形如何等因素,均足以影响毕业时间。

乙 执业资格

法律人一生的志业当然是以从事法律工作为主要考虑,但其他事业我们法律人亦可从事,故可说法律人可从事法律工作之外任何其他的事业,如从政、担任企业主、从事教育等工作。相反,其他专业人士很难可以从事法律的专业工作。

法律人从事法律专业性的工作乃理所当然,而律师工作为大多数法律人考虑选择的一项工作,但今日律师工作并非狭隘到只能到法院去打官司。当然诉讼律师虽为大部分法律人从事的工作,但今日吾人面临的社会及世界已走向地球村化,国与国的互动密切而频繁,国际贸易的复杂化使专业的法律工作内涵亦趋向多元化,除此之外,法律执业人亦要面对律师执业全球化(legal practice is globalizing)的新发展,在这一背景下,大陆法系的毕业生除在本国取得律师资格外,如能在英美法系国家中取得律师资格,则对日后从事律师工作,特别是涉外事务的处理必大有帮助,使法律人身上又多了一项武功。此种资格的具备于我等年轻法律人有百利而无一害,如果环境允许,寻求普通法国家的律师资格亦是我等在规划生涯时的可能选项之一。

那么如何取得英美普通法国家的律师资格?现分两方面来说明:

A. 美国的律师制度

美国继受英国普通法传统,为英美普通法国家的代表之一,由于国力强盛、商业发展,大部分学子均以去美国读书或深造为荣,20 世纪 50 年代、60 年代的台湾及今日的大陆学子均是如此。如前所述,美国法学院的主流是培养法律专业学生,即所谓的非法律系毕业学生(具备学士学位)再申请到法学院攻读三年的 J. D. 学生,所有法律的重要基础学科必须修习完毕,另加上个人喜好而选择不同科目充实自己。J. D. 毕业后,即可在美国各州参加律师资格考试,虽然各州考试的宽严不同,但录取率大都在 75% 至 85% 之间,换言之,美国律师的录取率非常之高。律师录取如此之高,难道不怕全国各地律师充斥、讼师四布吗?而一个法治成熟的国家,学法律人必然很普遍,取得律师资格的人士亦非必然去做律师不可,有律师资格的人,除可从事律师工作外,其他政府部门如司法界、行政部门及大企业、跨国公司亦需要法律人才处理法律事务,所以律师资格的高录取率并不会在社会上造成人才的浪费或四处司法黄牛的问题。就美国司法界法官任命而言,美国除了非常小的地方性法官由地方人民选举外,其他州法院不论地区、州、联邦法院或联邦上诉法院的法官任命大都从具律师资格而从事司法部门的资深工作人员,如州或联邦的检察官、学界的法学教授或身负名望的执业律师等中选出优秀而有社会经验的人士出任。至于美国联邦最高法院法官的选任更是全国各界所注目的焦点,必然会经过各方的考验,经美国参议院的审查与通过才能由美国总统任命,其中被参议院退回或不通过的美国最高法院法官提名人亦所在多有;程序非常慎重,人选必须适当,因为司法独立为一个法治国家的先决条件。因此我们看到美国司法界的法院和法官,很少有法官收贿被判刑的新闻,其原因即在于法官的任命过程非常严谨及敬肃,法官们在出任法官之前已经经过一段非常长时间的养成教育,社会经验丰富、学养造诣深厚,尊重法官这一高尚的职责,因此越轨的情形非常之少,成为一个法治国家的基石。这亦可作为我们大陆法系国家司法官以考试任命法官方式的参考。

B. 英国及英联邦国家的律师资格

英国为英美普通法发源始祖,国力强盛时期,殖民地遍及五湖四海而其法律制度亦随之而落地生根,当这些旧日殖民地纷纷独立时,大英帝国的法制并未随之消失,相反地,这些独立的英国殖民地国家仍以英国帝国时期留下的普通法为其维持国家秩序的法制,因此英国法律的演进或变动,同样影响了这些昔日的殖民地国家,亦即英联邦国家。而律师的训练及资格的取得,亦受英国律师资格取得方式的影响。

英国律师分为出庭律师或称大律师(Barrister)及不出庭律师(Solicitor)两种。不出庭律师(Solicitor)只要法律系毕业在律师事务所实习(article)两年至五年时期后,取得当地主管当局主办的考试及格即可。至于出庭律师(Barrister)为起源自中世纪延续至今的制度,所以学生除法律系毕业外或尚未毕业在学中,必须到英国四个律师学院(Inns of Court)中修习法律基本科目并考试及格(正式大学法律系毕业生可免试若干法律科目)及符合各律师学院所规定要求,方可取得大律师资格,约需两年至三年时间。在此学习及训练期间,必须在学院中出席正式晚餐(formal dinner)若干次(目前约五十至七十余顿晚饭)。晚餐中,学院必邀请当代知名人物来院餐宴及发表演说并接受问题回答,受邀者涵盖当代法学家、文学家、宗教家、哲学家、史学家等,穿着正式服装出席,饭后在各员生出席簿上盖章。各成员如学习期满,学科成绩及格,但正式晚餐未出席足够时,亦无法取得大律师资格;学员必须学习成绩及格加上晚餐数目符合规定,方可取得 Barrister 的资格。有人会问为什么吃饭的数目变得如此重要?英国是一个古老国家,拘谨保守,律师学院训练大律师的目的为培养律师们各方面的气质变化、人格养成、气度闳达与视野宽广等,凡此种种,接受训练者在日后不论从事何种工作或从事律师专业,必然影响他的工作至巨。因为有它的特色存在,故英国的四大律师学院至今延续这一吃饭的传统。这四个律师学院分别为:The Inner Temple, The Middle Temple, The Lincoln's Inn 和 Gray's Inn。2000 年时,笔者因公赴伦敦,特参访四个律师学院,对其巍峨的建筑、深邃的人文气息,赞叹不已。

学员在律师学院毕业取得大律师资格后,尚不能立即执业,必须到其他资深大律师(Senior Barrister)的事务所中实习 6 个月至 1 年方可正式执业大律师工作。在英国四大律师学院取得大律师资格的学员均可在其他英联邦的成员国家或地区中得到承认及执业,例如印度、巴基斯坦、澳大利亚、新西兰、新加坡、马来西亚以及中国的香港特别行政区等,这就是为何英国四大律师学院中有很多外国学生入学的原因。而这些英国大律师在社会上工作十年以上,人格风评均佳者,可申请为 Q. C. (Queen's Counsel) 或 K. C. (King's Counsel)的称号。法院法官一旦出缺,司法部将会从这些 Q. C. 中选择适当人士出任英国各级法院的法官。英国的法官任命不是以考试任命,此为其特色,行之多年而甚少弊端,为法治国家的一个很好的模式①。

第六节　立志(代结论)

从以上所论学习英美法的理由与方法中,我们看法律志业从事人如果有志学好英美法可以从各种不同方向或途径达到各自目的,但先决条件可能还是要立志与恒心。谈到立志或勤学,我们中国有五千年的悠久历史文化,从来就不缺少立志这一类名言名句,但是真正能成功或功成名就的大人物,归根结底去看彼等的成功经验可能不出一个"恒"字。凡立志人士,如能锲而不舍、全力以赴,必然应了古人所谓的"有志者,事竟成"的名句。设

① R. H. Graveson ed., *Law: An Outline for the Intending Student* (*Law as a Career*), 1977, pp. 179—203.

定一项目标，坚持下去，持之以恒，其志业绝对不会不成功。因此吾人在求学过程中，必须好好规划人生蓝图，一旦设定，则全力以赴，务必达成，但波折或挫折必须想法克服，如此才能显现成功甜美的滋味，才难能可贵。

立志或恒心为达到法律人的人生目的，其核心重点是吾人必须有一个强健的体魄，如身体不健康，则一切流于空谈，也不能发挥我们学习成功的志业与理想，所以一个健康的身体是吾法律人能否成功及发挥志业的重要条件，此重要性不言而喻。

如我等法律人必须自我鞭策，在大学求学过程中，除必读的课本外，最好能规划读课外好书一百本，以增进知识，扩展视野及培养气质，奠定成功、成就的基石。英国著名的丹宁勋爵（Lord Denning）有一次去拜访一位好友大律师，到这位大律师办公室后，只看到办公室设备高雅整洁，除了办公桌上有数本文学与历史的名著外，并不见任何法律工具书等书籍。于是他问这位大律师朋友："你的办公室里怎么没有法律参考书？"这位大律师指着桌上的文学与历史书说："这些是我谋生的工具（These are my tools of trade），我需从阅读这些书籍中得到灵感为我的当事人辩护及保障其权利。"一个律师没有历史与文学的素养，他仅是一个机械式的法匠（a mere working mason）。智者斯言，吾等法律人从中能得到什么样的启发呢？

是为本章的结论。

第一章 引 论

当一个人第一次踏入法律图书馆之时,总是会感到一丝迷惑和不知所措。在他的周围,会看到大批令人叹为观止装订完整的书籍,其中的一些法律书类有着一百多年甚至更长的历史。

此时,在他的头脑中闪过的第一个想法或许是:"学习法律有必要读这么多的书吗?"答案是"不需要"。法律图书馆是学法者及律师不断汲取法律知识的储存室,学生不得不在这里花费大量的时间来研读法律。但不论如何,一名学生是不可能读完法律图书馆中所有的书籍的。

从另一个角度来看,为了在特定的专业领域中提升自己,一名学生必须了解相关法源是什么以及如何利用它们。法律书籍是学法者及律师的职业工具,同时也可以作为测试他们专业能力的方法。

那么,什么样类型的书籍组成了法律图书馆?这种图书馆的组织和运作如何?

第一节 原始法源及次要法源

法律书籍可以分成为主要的两大类:原始法源和次要法源。原始法源是由法律制定机构所制作的法律权威记录所组成。次要法源则包括所有的法律书籍出版物,不过他们本身并不是规范法律的权威记录,例如法律课本、法律百科全书、法律字典、法律期刊、判决摘录以及对原始资料的索引等。

在英美的法律系统中,法律由以下机构制定:

(1)立法国会;

(2)被国会授予立法权的机构及政府机关;

(3)法院。

由国会或国会代表人制定的法律被称为制定法。国会自身立法颁布的法律包括国会立法或国会制定法。另一方面,由国会授权代为制定的法律,例如规则、规章、地方性法规等也是制定法的一类,这类制定法的通用术语是授权立法或者次级立法。

例如在澳大利亚有效的制定法可以由英国、英联邦以及澳大利亚各个州议会制定。这三个法律制定机构之间的关系我们将在以后的章节中介绍。

初学者通常会很惊讶地发现英美法系中部分法律是法官创造出来的。英美宪法中规定政府机构没有赋予法庭创造法律规则的特殊权力，不过法官创造的法律(judge-made law)有时候也被称为判例法(case law)，被认为和制定法具有相同的效力。这是为什么呢？最简单的解释就是因为法庭认为它就是法律，判例法构成了司法判决的法律基础。法庭会要求后续的案件应该或者有时候必须遵循先前案件所确立的先例来判决。英国和澳大利亚的遵循先例原则(doctrine of precedent)可以被描述为一个法院在某一个案件中所创设的判决原则，应该被视为规则而由其下一级法院在以后的类似案例中加以遵循判决。不过应该强调的是判例法经常被日后制定法否决，而且现代法庭的造法活动也不如当初那么引人注目了。法庭不能像立法机关那样轻易改变法律，就像某位作者所表述的一样："先例应该依照自身的目的被遵循，而不能回溯。"

显而易见，包含制定法、次级立法以及案例汇编(report of judicial decisions)的图书构成了法律图书馆的核心。不过自相矛盾的是，尽管制定法几乎包含了所有的新制定法律，但在图书馆中制定法律汇编和次级立法丛书还是没有案例汇编的数量多。有三个原因可以解释这种情况：最主要的原因就是制定法书籍几乎全部都是由法律规则组成的，而案例汇编具有拘束力的法律规则是从过去大量判决中总结出来的原则。如果一个人拿了一卷案例汇编，然后总结出了该案例汇编中若干案例所包含的法律原则，这个法律原则表述出来可能不会超过三四页纸。第二个原因是总有很多案例被用来支持相同的法律原则。第三个原因是没有办法把已经没有拘束力的判例从案例汇编中剔除。与此相对的是，制定法律汇编是定期更新的。制定法律汇编一般是以通过该立法机构所立法的年度或者议会会期为单位所通过的法案进行印刷，随着时间的推移，很多过去的制定法已经被修正、废除或者被其他法律所取代。为了节省学法者及律师和民众查找现行有效法律的时间和精力，一般是将在特定期间内有效强制力的制定法结集出版，以替代先前的制定法律汇编书类。

例如在澳大利亚，这些具有强制力的制定法集合被放置在一套长期固定不变的卷宗中，如果有新的修改出现，只能通过补充额外卷宗的方法来加以更新。而在其他英美法域中，这些制定法合集被放置在一个活页卷宗中，如果法律做了修订或者额外补充时,可用包含修订版的活页来代替合集中的原始页。

在法律图书馆中想要寻找与特定法律问题相关的判例和政府通过的法律,往往不是轻而易举的。有一些判例汇编会将某一特定领域的判例放在一起,例如刑法或者税法等。但是大部分的判例汇编是根据法域或地理区域进行编纂的,很少考虑案件的判决主题事项。这些案件是按照判决时间顺序来编汇。在一卷判例汇编中,或许会涉及多达三十至四十个不同性质或事项的判例案件编在同一本法律报告中。由于判例汇编的形式和寻找某个法律问题最新判决的需要,法律图书馆会提供一个全面的查寻指南。最有效的查寻案例方式便是通过判例摘要或者法庭的判决要旨。在判例摘要中,判决按照主旨事项进行分类,进而按照一定的方式将案情摘要以方便查寻资料者能够一眼看出是否与他们正在搜寻的问题有关。大部分的判例摘要都包含一个按字母排列摘要案例表及判决案件主旨的索引。

法律索引的方法不能十分令人满意,即使是最勤勉的学生或律师也非常容易忽略掉一些重要的、相关性法律条款。法律索引最大的缺陷便是所收集的法律细节太少,大部分法律索引仅仅是简单地按照他们的法案名称进行分类。这意味着学者或律师在寻找某一相关法律资料时必须要了解该相关法案是如何命名的。但是许多法案只有一个概括性的名称,很难通过名称来了解这些法案内容包含何种类型的法律规则。例如,谁会想到禁止使用支票支付工资的规定会列在《休战法案》(The Truck Act)的法律条文中呢? 因此,一个好的法律索引应该根据法案所涉及的主要领域做一个全面的分析及介绍,如此才能方便使用人寻找法律资料。

尽管大部分法律研究的目的是为了找出相关的原始法源,但在寻找资料中,借助法律教科书、专著、法律百科全书和法律期刊等的内容可以使得法律检索更加简便有效。这些次等法源可以帮助律师或学者理解和评估法律并引导他们注意到相关的原始法源。虽然法律教科书或者法律期刊中的评论对于法律的阐释和分析不具权威性,但是律师和法官引用或采纳这些法律作者的观点和结论作为案件的辩论或法院判案时所采用的情况是经常发生的。

第二节　法律图书馆

法律图书馆对于法律学习者和司法实务者都是非常重要的。大部分私人执业的律师都会发现拥有自己的法律图书馆是非常必要的,但是这些图书馆的规模和质量却差别甚大。大型以及组织良好的律师事务所往往拥有非常完整的收藏,而小规模的律师事务所或者单独执业律师有时甚至缺乏最基本的法律书籍。显而易见,一个律师拥有其所需要的法律书籍愈多则处理法律事件愈加方便,不过如果可以利用一个很完整的大型法律图书馆,即使藏书的数量很少亦无关宏旨。

例如在澳大利亚最好的法律图书馆都是由公费支持建立的图书馆。这一类的法律图书馆一般都依附于上诉法院、刑法法院和各大学的法学院。又例如位于澳大利亚首都堪培拉（Canberra）的澳大利亚国家图书馆和各州设立的图书馆也有一些法律藏书。国会图书馆也经常会收藏一些很重要的立法资料,除非特殊情况,一般公众很难进入这些图书馆来找寻资料。专业法律组织的法律图书馆仅供其成员使用。在大型法律图书馆里法律藏书的类型部分是由该图书馆的服务目的所决定的。法院图书馆和专业组织如律师公会所运作的图书馆是为了满足法官和律师们的需要所设,因此,其书籍资料多集中于澳大利亚的法律适用方面。而大学法学院的法律图书馆虽然也是一个专业图书馆,不过不如前者那么专业化,它们的藏书可以扩展到很多不同领域,包括外国和国际法律、法律历史、法律哲学和与法律相关的其他领域,如哲学、心理学和犯罪学等。

刚进入法学院的学生应该做的第一件事情便是让自己尽快熟悉图书馆的布局,他应该了解法律书籍是怎样被上架和编目的。通常会有一个阅览区域用来收藏所有常用的原始法律资料。制定法和法官判例汇编都成套出版,并且根据法律性质的不同被放在同一个书架上。此外还会区分阅览室的性质,如一个阅览室被专门用来放置联邦法律,另外一个阅览室放置各州法律,再一个阅览室放置英国法律等。至于参考指南等工具书,例如判例摘要、索引、字典、百科全书、书目以及图书馆手册等大都存放在普通阅览区供人查阅。

查资料者并不需要一本接一本地阅读包括制定法、案例汇编和不同参考工具的书籍的全部内容。一个读者或许仅对书架子上拿下来的某一本书中的一小部分感兴趣而加以阅读,在两个小时内,他或许可以浏览二十本书籍。在同一时间内,其他人或许出于不同目的也需要看同一本书。因此,图书馆的工作应该保有这些法律汇编、案例摘要和制定法书籍的复本。此外,一些图书馆还提供影印服务,如果读者想要复印一个案例或者制定法书籍中的一部分,他只需要支付很少的金钱便可以获得该复印件以便带回去阅读。

　　传统上图书馆将教科书统一归架保存在图书馆的专门区域内。有一些图书馆将这些教科书放在一个封闭的区域中,只有某些指名读者有权利阅览。而那些不享有进库阅读特权的读者不得不以借阅的方式来取得他们需要的书籍。大部分的教科书都可以借阅并且在图书馆外使用。只有极少数因读者需要经常多次借阅的特定书籍或资料将会被存放在保存本阅览室中供人阅读。学生或研究人员应该认真了解图书馆借阅使用规则,如此一来,使用人会在找寻资料上如鱼得水,很容易找到他想要的材料。

　　不同图书馆有各自不同的图书上架和分类方法。有一些是按照书籍作者字母顺序上架的。如果一个读者想要了解图书馆所保存的某一特定主题的书籍,他不得不先查询图书馆的主题类别(subject catalogue)。大部分的大学法律图书馆使用一些主题分类法,将教科书按照已经分好的类别进行归架。通常三种最常用的分类方法是 Dewey 十进位分类法、美国国会图书馆分类法和 Bliss 分类法。其中 Bliss 分类法在澳大利亚使用得比较普遍。这些分类方法都是为一般图书馆所设计,他们为图书馆提供了对所有主题、法律以及非法律书籍进行分类的一种方法。不过没有一种分类方法是完美的,尤其是当它被设计为一种"全方位系统"(all-purpose system)的时候。有时其类别太广宽,有时又太过狭窄。而且分类也不全是排斥性的,所以一本书或许可以被归纳入两类甚至更多类,有时两本同一主题的书被归入不同的类别中,均可常见。

　　在图书馆中,一个非常重要的重点便是目录卡片(card catalogue)。它记载了图书馆的藏书情况,使得读者能够找到他们需要的书籍。目录是由一定数量的单位组成,在每个单位中,至少一张卡片代表图书馆所保存的每本书或者图书系列。大部分的目录都有一个按照书籍作者排列的单位。如果这本书是政府出版物,那么所涉及的政府部门名称就是这本书的作者。由几个人合著的一本书可以归入所有作者的名下,也可以归入第一个被提及作者的名下,不过如果该书由一个编辑具名,那么该编辑便被视为作者。如果一本书是在一家公司或其社团的资助下完成的,那么归入该公司或者社团的名下。当存在匿名作者时,书的标题的第一个词被用来代替作者的名字。如果作者的名字中包含 particle(质词)会带来一些特殊的问题,图书馆对此采取的认定方法是当该 particle 组成一个英文名字的一部分时,如 De Witt 或 Von Stieglitz,particle 的第一个字母可以被使用,名字加括号以"D"或者"V"开头。但是如果 particle 是外文名字的一部分,它就不能被使用,名字以 particle 后单词的第一个字母作为开头。一个作者卡片上包括书的全名、出版日期和地点、出版社名称、卷数(如果超过一卷)、页数、出版数以及分类号码或标记。为了在书架上寻找该书籍,知道作者的姓名、书名和分类号码是非常必要的。有些图书馆还采用了在目录卡片上用一种特殊符号来指示该书所在位置的方法,以使读者易于找到。

在目录卡片上的另外一种要点就是主题目录(subject catalogue)。按照主题事项对图书进行分类。书籍的主要内容有时可从书的名称上显示出来,但也并非总是如此。如果一本书涉及多个主题,那么应该将其归入最主要的主题之下。主题目录的编制方式非常类似一本书的主题索引。例如,如果一个读者想要寻找"法医学"的书籍,他或许没法直接找到此书的分类别卡片,不过他可以找到相互参照的书目,如到卡片"参阅医疗法哲学"中去寻找。当他寻找"未成年人"时的情况与上述情况非常类似,他会发现未成年人的专门书籍非常少,他可以去找相互参照卡片中提示他去"参阅家庭法"书籍中去寻找。有一些图书馆在安排上既有作者目录也有主题目录,以方便读者查阅。

图书馆中的专门目录有时候被保存以记录存放在图书馆中的系列书籍。通常法律图书馆中会有一种期刊目录,另一种为法律汇编、制定法和索引目录等。这种目录可以依照名称进行归类,或依照名称和法学领域进行综合归类。对系列藏书的记录中,有些图书馆安排读者从可看性档案(visible files)中一眼便了解图书馆的藏书清单。这些档案都是以它们制造者的名字而命名,例如 Kardex。在 Kardex 系统中,重叠的卡片被归类在一个抽屉中,每当一个抽屉被拉出,这个文件便会显示出一个题目清单,例如期刊的题目。每个题目都被写在卡片的底部,当把卡片拉上来的时候,我们将会从中找到一些资讯,如哪些卷已经被装订了,哪些散装的部分已经收到了,哪些部分已经被寄出准备装订等。

第二章　案例汇编

第一节　英美法中的遵循先例原则

英美法审判的一个基本原则便是相似问题以相似方式处理,在普通法领域中,这个原则以法律语言表达就是遵循先例原则。简而言之,这个原则是在要求先前法院对某一个案件作出的判决原则将会指导后面类似事实案件的审判遵循。换言之,如法律事实类似时,以前怎么判,后面的案件也怎么判。以前法院判决成案例被作为一种法源(source of law)以便对未来类似法律发生纠纷作判决的准绳。通过如此诉讼程序而发展出来的法律被叫做判例法、法官造法以及普通法。

一名法学院学生应该了解的第一件事为并不是法官在其审判过程中所说的每一句话都具有拘束力或者都构成具权威性的判决先例(persuasive precedent)。法院判决中具有拘束力要件的判决被称为"判决原理"(ratio decidendi)。英国法理学大家 Rupert Cross 描述判决原理时说:"法官在作出其判决过程结论中被视为必要步骤的明示或暗示法律原则。该规则已经被法官采纳以支持其推理过程,或者是其对陪审团所发指令的必要组成部分所得到的结果。"倘法官提出了一个对"待裁决事项"的决定没有法律上拘束力时,这个原则被称为法官附带意见(obiter dictum),它并不具有拘束力,尽管它或许具有某些程度的权威说服力。

英美法系的判例法数量非常巨大,英美法学者不仅需要参照英联邦国家法院的判例法,还需要参照英国法院的及美国法院的判决,有时候甚至还要遵循适用普通法规则的英联邦其他国家法院的判决案例等。英国判例之所以被遵循是因为英国判例法是所有适用普通法国家的鼻祖,这些国家的法律是在英国法律的基础上慢慢建立起来的。一些英美法系国家早期作为英国殖民地一分子之时,接受了大量殖民地时期在英国本土所实行的法律或判例。这些英国法律或判例在殖民地环境下得到了合理而有效的适用。这种对英国法律或判例的继受并没有停止,直到今天一些国家在审判案件中当找不到本地有关先例的时候,当地法院还会将英国法院判例作为指引而为判决的参考依据。当然,英国不同级别法院作出的判决所蕴涵的价值之大小仍然需要加以考虑。

以澳大利亚为例，像英国一样，一个法院的判决对法院等级系统中所有位阶在其下的法院都具有拘束力，这一原则推展乃实践了各级法院审判的一致性。英国、美国以及澳大利亚一般法院分级系统即采此原则。因此，我们可以了解州最高法院有义务遵循澳大利亚最高法院和枢密院（Privy Council）①的判决；最高法院有义务遵循枢密院的判决，而没有义务遵循州最高法院的判决。各个州最高法院之间是平等机构，因此没有义务互相遵循各自的判决。与之相似，州最高法院的一名法官没有义务遵循同一法院另一名法官的判决，尽管他有义务遵循法院全数庭（full court）的判决。在澳大利亚，法院一般不需要严格遵循自己法院作出的判决，不过在实务中，只有某法院的先前判决被认定存在法律上错误的时候，该法院才能推翻自己先前所作成先例的判决。

英国法院判决的重要性有多大，可由作出该判决法院的地位高低来决定。在英国法院层级中位置越高，其作出的判决便越有权威性。如果英国法院判例和澳大利亚最高法院（High Court）判例之间在某一问题上存有争议时，何者为优先适用？直到最近，澳大利亚最高法院还坚持一种观念，即如果英国上议院即最高法院（House of Lords）的判决与澳大利亚最高法院的早先判决存有冲突，此时澳大利亚最高法院以及其各州最高法院都应该遵循英国上议院的此一判决，而不再考虑澳大利亚最高法院先前的判例判决。不过现在澳大利亚最高法院宣布如果它认为英国上议院的判决是错误的，那么它可以不再遵循该判决。同样的原则也适用于英国上诉法院（Court of Appeal）和刑事上诉法院（Court of Criminal Appeal）。

第二节　一个案例的报告

英国法院判决的案件仅占有很小比例可以被编选入案例汇编中。能够被编选入汇编的案件都是些可以提出法律关键点以及被认为具有作为先例价值的案件。法院审理的大部分纠纷在事实问题上都非常简单，并且不是关键的法律问题（significant points of law）。尽管其中的一些案件会被媒体连篇累牍的报道，不过这些案件极少被认为能够选入供法律专业人士阅读

---

① Judicial Committee of The Privy Council，英国枢密院司法委员会，在大多数英联邦国家或地区已不再遵循其判决，例如澳大利亚、加拿大以及中国的香港特别行政区等地。

的案例汇编中。

目前大部分的法律案例汇编都以系列丛书的形式出版,该系列中的每一卷都包含一整年或者一年中某一段时间的司法判决或汇编。案例排列通常没有特殊顺序,即使有,也是按年月进行排列。一般来说,每一卷都会有一个汇编案例一览表(a table of the case reported in the volume)、司法公告案例一览表(judicial noticed)、主题索引和汇编案例摘要(a subject index or digest of the case reported)。一些案例汇编还含有司法公告立法事项一览表。在一些案例汇编系列中,每一卷都被依次编号,例如《英联邦案例汇编》(The Commonwealth Law Reports),通过卷号就可以加以识别。其他还可以通过年度加以识别,或者在一卷中就有跨越几个年度的判例。大部分的案例汇编都会预先印行书面形式的若干部分分送订户。这些部分一般是每星期或每两星期出版一次,每部分都至少包含一个判例汇编案例一览表和主题事项的简要索引。一些案例汇编系列的预先出版部分还包括一个先前以及现在所有已汇编案例的累计清单和汇编案例的摘要。这些部分也依次编号并最终装订成为一卷。

案例汇编种类不同,一部分是由特定法院出版的;一部分则是由有同类审判权的若干法院出版的;也有一部分是选择以地域为基础出版,另外一部分则以法律性质分类为基础,例如税法、刑法、工业法案例汇编是。

出现在法律汇编中的案件报告都是由英国大律师(barrister)进行主稿编辑,对该案例汇编负责的律师需要在该案例汇编的末尾签名负责。除非案件采用这种书面且由大律师证明的方式为之,否则法院可以拒绝接受它作为一种具有权威性及拘束性的记录①。法院偶尔还会参照一些没有被汇编进作为接受案例汇编中的案例,在这些案件中,法院依靠权威媒体如《泰晤士报》(The Times)上的报道或者依靠对该案有深入了解案情的大律师所作的报告。

案例汇编并不是诉讼的完整记录。它是法律事项,而不是事实事项的汇编,并且不再提报有关本案的证据事宜。就像前面提到的一样:"案例汇编报道的主要目的是阐释本案的法律事宜。它包括诉讼的双方当事人、诉状、关键事实、双方律师的辩论、法院的判决以及判决法律的依据及理由等。"②

---

① *Birtwhistle* v. *Tweedale*, (1953) 2 All E. R. 1958.

② Gt. Brit., Lord Chancellor's Department, Report of the Law Reporting Committee (1940), p. 3.

附录三中样本一采自于《英联邦案例汇编》第110卷中之案例。案例汇编记录以双方当事人、上诉人及被上诉人身份诉讼开始，接着标题是表明该案件由澳大利亚首都地区最高法院上诉到澳大利亚最高法院的案件。接下来标题说明诉讼的性质是双方当事人间的买卖纠纷（sale of goods）及一些表明该诉讼主体事项和待裁决问题的关键字。接着就是案件摘要，也被称为判决提要，它能使读者快速了解案件的主要争议是什么，以及什么事项需要被法院裁决。每个案件的判决提要并不一定都会准确说明判决依据。如果案件本身与需要说明的问题有关或者报道者要求对该案件进行全面阅读了解时，那么必须从头到尾阅读审判记录才可明白本案的全盘经过。标本案例在手边上的注记，是表示澳大利亚最高法院在何时何地开庭，以及何时何地由那位法官所作之判决。有时，判决提要会列出本案判决所援引的主要先例（main precedents）以及他们在本案中是如何处理的，包括是否遵循、区分或者将之推翻的说明。当一个法院认为先前的判例有错误时，这种情况被称为推翻先例（overrule）。但是，倘法院重新审查了判决进而得出了与卜级法院不同的判决结论时，则被称为撤销下级法院的判决结论（to reverse a judgment），换言之，下级法院对本案的判决已不存在，以上级法院所作出的审判结论为结论。

判决提要以下是说明本案诉讼性质、初审法官判决结果以及案件如何上诉到最高法院的情况陈述。它一般是以如下的说明作为结尾："事实部分已在下级法院的判决中作详细阐述。"有时候当汇编者对于案件的事实说明认为不完整时，汇编者此时会自己写一段本案事实的来龙去脉作为补充，连同本案的过去历史及诉讼原由一并放在汇编中。

诉讼双方的律师辩论内容很少被完整记录，有时候甚至完全不加以记录，除非有特殊精彩的法律意见。在对律师辩护意见内容进行采编的时候，记录者一般是以律师提出的判例名称列出，法院作出判决的法律依据是非常重要的，倘一个法院的判决没有依照一个重要的先例作成判决时，判决的权威性会被削弱。在这种情况下，法院的判决被认为法官是在 per incuriam（一致同意）下所作之判决，换言之，即法院审判法官忽视既存的判决先例而作出的判决。

在律师辩护意见之后会出现"cur. adv. vult."这几个字，它的意义表示本案延后判决。换言之，本案在法庭辩论之后，澳大利亚最高法院推迟对本案作出判决之意。

接下来便进入了整个案例报告的核心部分——法院判决。在这个例案中,本案上诉至澳大利亚最高法院之前,存在一个共同判决(joint judge-ment),这意味着同一个判决被一个以上的法官所同意判决。在案件上诉到最高法院之前,有超过一名以上法官对本案进行了审理,但共同判决仍然是一种例外。一般而言,每个审理案件的法官都需要作出一个单独的判决理由书。倘法官甲完全同意法官乙的判决结论和推理过程,只要他愿意,他可以放弃出具单独审判解释的权力,作出赞同性判决意见,该判决仅需要该法官简短的一句话表明其完全同意其法官同僚的判决结论。当法官的结论与其他法官不同时,他的判决被称为异议判决(dissenting judgement)或异议审判意见(opinion)。当一个案件包含若干争议点时,一个法官或许对其中的部分争点持有异议,但是大多数都与其他法官意见一致,或尽管该案的全体法官或大部分法官对诉讼结果达成了一致意见,但是他们各自的判决理由或许各不相同。不过支持大多数法官结论的审判理由及解释书可被视为多数法官审判意见书(majority opinion of the judgement),而代表法庭对诉讼案所作的决断。

技术层面上,由英国最高法院(House of Lords)成员所作出的判决理由不称为判决(judgement)或审判意见(opinion),而称为"成员意见演说(spee-ches)"。英国受理殖民地上诉案件的枢密院司法委员会的审判意见也不被称为判决,因为在理论上,司法委员会没有权力作出最后的判决。它仅能向英国君主(sovereign)提出建议,但事实上的判决都是以委员会命令(order of the council)的形式为之。直到17世纪初,因枢密院所扮演的是咨询人的角色,因此对上诉案审理的结果向君主建议仍必须全体一致同意。此乃意味着只有一个判决意见被上交给君主,而其他异议者的意见则不作成记录或公开出示。1966年英国司法委员会议下令改变此一旧规则。目前枢密院司法委员会任何异议成员都有权在公开法庭上公布其异议意见及其理由。

在法官判决理由陈述之后便是诉讼结果的简单表述。例如"准予上诉"(appeal allowed),或"原告胜诉"(judgement for the plaintiff)。如一个案件已经被法官或陪审员审理过,案例汇编的报道将记录初审法官对陪审团所作出的指示意见,接着便是陪审团作出的事实判决结果(jury's verdict),以及在此基础上法官所作的判决案件。判决只不过是一种体现诉讼结果的正式命令。陪审团没有义务对他们的事实判决提出理由说明,如果陪审员愿意,他们可以向法官提交一份"特别事实判决"(special verdict),彼等这种特别事实判决中指出了他们发现的事实并留予审判法官对这些事实适用相关法律而作出法律判决。当"特别事实判决"提交后,案例汇编编辑者可能会记录出法官依照特别事实自己思考所作出判决的理由。

在案例汇编的结尾,是代表诉讼当事人律师(solicitors)的名字以及汇编报道该案例的"大律师"(barrister)的缩写签名而完成此一案例的完整报告。

汇编者的编辑工作量因记录法院判决理由后,由法官当庭发布抑或暂时保留待稍后用书面形式发布而有不同。英国上诉法院和刑事上诉法院的受命法官通常都是在案件口头辩论结束后立即发表他们的判决结果及理由。这些判决理由由法院速记员记录下来,整理后再呈送给法官进行确认及修改。经过这种方式编订的司法审判理由及意见便可编入案例汇编内发表。在英国最高法院的审判,传统上判决结果都是保留稍后发布。换言之,即审判结果不是当庭宣判。最高法院成员对审判结果各自写下其法律意见及结论后并在所有参与审判的法官中互相传阅,当所有参与本案审判的法官准备就绪时,法庭会召集一个特别庭(a special sitting),在这个特别庭上书面的审判结果及理由会全部或部分当庭加以宣读。这些书面审判理由书在案例汇编出版之前很少需要修改。英国枢密院的判决及报道与此相同,它的判决结果及理由也是书面的。澳大利亚受理上诉案件的法院也遵循英国最高法官的方式对审判结果采取先保留,再以准备好的书面意见而作成判决。法庭对陪审团的指示意见则必须即席发布。

一个书面审判意见已经被公开发布,则在案例汇编中不一定会全文照列。一个审判案件有多份书面审判意见时,如在事实表述上存在重复的情况下,编辑者会选择最能表述事实的判决说明而省略掉那些来自其他法官判决中的事实阐述,或者他可能将所有审判案件的事实阐述全部省略,而自己写出一个简单案情事实摘要放在法院判决书的前面。在编辑案例汇编时,法院判决书中被省略部分一般是以方括号[……]标示出来。

英国和澳大利亚法院不会亲自出版自己的案例汇编。在英国,1865 年成立的一家半官方的案例汇编委员会(Council of Law Reporting)的职责是监管半官方性质汇编报道系列的发行。这个委员会由一个法官担任主席,其他成员包括司法部长、检察长、律师学院的代表、律师公会以及律师联合会的代表共同组成。法律汇编的具体工作则被交由一名编辑、助理编辑以及采访者组成的机构,该机构所有成员都由大律师身份者出任。1875 年起,澳大利亚维多利亚(Victoria)省及其他各省均组成案例汇编委员会。对各地出版的案例汇编进行一般监督管理,使其符合法案审判结果的真实性,俾供后人参考使用。

第三章　英国案例汇编

第一节　判例年鉴

英国的《判例年鉴》(The Year Books)是英国最早的司法判决汇编。它初始出现于国王爱德华一世(Edward I)统治时,一直到公元 1535 年时突然停办。在这段时间里,它的角色发生了很大的变化。刚开始阶段,它仅仅被作为补充司法审判结果及诉讼程序的一种文章的摘记。从爱德华二世(Edward II)统治开始,它们又被当作记录审判案件中律师间辩论内容及案件中具有价值事项的一种新闻专业人员报道的期刊。它的角色并不像我们现在的认知,它没有被作为对后来案件审判具有拘束力先例的权威性汇编。奇怪的是它是用法律用语书写而成的。

直到 15 世纪末,《判例年鉴》保存的还仅是判决的抄本(manuscript)。自此以后,一种称为"黑体字"(black letter)的印刷版出版了。到了玛丽女王(Queen Mary)统治时期,几乎全部采用印刷版的方式系列出版。一直到爱德华三世 (Edward III) 统治的中期。

在这段时期,《判例年鉴》主要是对法律史有研究的历史学者感兴趣,以及为日常与法律实务有关人士所关心,律师们很少有机会能用到它。目前,这种黑体字版(black letter)几乎已经看不到,但有一些现代的翻译版本一般可以在大学法律图书馆里找到。但并不是所有的《判例年鉴》都被翻译成英文。自 1863 年至 1911 年,《卷宗》(Rolls Series)在案卷主事官的督导下整理后陆续出版,它包含有二十卷《判例年鉴》,其中包含爱德华一世时期将原文翻成英文的 20—22 卷、爱德华一世时期以及二世时期的 30—35 卷、爱德华三世时期的 12—20 卷等。哈佛大学的 Ames 基金会出版了三卷理查二世(Richard II)统治时期的《判例年鉴》。英国 Selden 学会也出版了若干翻译版的《判例年鉴》,在这个版本中,原文与翻译并列在一起出版。Selden 学会的版本还包括一些从法院记录中挑选出来的案例汇编。

想要进一步了解《判例年鉴》,可以参阅 P. H. Winfield 的《英国法律历史起源》(Sources of English Legal History)一书(伦敦 1925 年版)。

第二节　具名案例汇编

"具名"案例汇编(The Nominate Reports)是指那些在不同编辑者具名下出版的案例汇编。例如 Barnewall and Adolphus 所编第一卷汇编代表相同姓名汇编者案例汇编中的第一卷。从公元 1530 年至 1865 年间出现了超过一百多种不同系列、质量和准确度参差不齐的"具名"案例汇编。目前执业律师还会查阅这些案例汇编,但是某一个案件的报道哪一家案例汇编比较具权威性,主要还是看汇编者的水准高低①。有时候,对于同一案件会有两个或更多的案例汇编加以报道。为了完整及精确地了解该一案件,研究者需查阅所有可以找到的案例汇编加以阅读及比较。不同的案例汇编在某一特定案件上的报道可能会存在矛盾之处,这个时候的明智之举就是查阅本页注 1 提到的若干著作,进而确定哪个版本的案例汇编比较精确。如前所述,一些早期的"具名"案例汇编是用法律用语书写。在英联邦早期,律师曾经试图禁止使用该种语言但未成功,尽管在英王查理二世(Charles II)复辟之后,这个禁令被废除了,不过法律用语还是很快地在案例汇编中消失。自 1764 年之后,所有的案例汇编都是以英文来报道。

从 18 世纪中期开始,"具名"案例汇编中的案件汇编报道水准得到了很大的提高。尽管如此,法院还是认为有必要对案例汇编加强监督。而自 1785 年起,法院主动选择一些有能力及可靠的汇编者(reporters),只有这些汇编者所汇编的案例才是法院官方接受具有拘束力及权威性的判例版本。不过非官方的案例汇编者还是继续出版其"非权威性或非官方"的案例汇编。一般情况下,"非权威性或非官方"版的案例汇编总要比"官方"版案例汇编提前出版,价格也比较便宜。

几乎所有的"具名"案例汇编已经被集结在一起再版。第一个再版的系列是于 1891 年至 1917 年由英国伦敦 Sweet and Maxwell 出版社出版的《修订案例汇编》(Revised Reports)。在这一个修订版中的案例是自 1785 年至 1866 年从普通法高等法院及衡平法院判决中选出来的。案件的内容也尽量从过去大部分案例汇编中选出重写并尽量保持一致。这一系列共出版了

---

①　关于汇编者的水准高低资讯以及彼等案例汇编的品质问题,可参看 T. W. Wallace, *the Reports* (4th ed. Boston, 1882; reprinted, 1959); Van Vechten Veeder, The English Reports, 1537—1865(1901) 15 *Harvard Law Review*, 109—117 (reprinted in 2 Select Essays in Anglo-American Legal History (Boston, 1908), pp. 123—168); Sir William Holdsworth, *5 History I English Law* (London, 1924), pp. 355—378.

149 卷,有一卷是案例一览表(table of cases),另外两卷是索引和摘要(index-digest)。

最完整的再版系列是一套自 1900 年至 1930 年的《英国案例汇编》(English Reports)。这一套汇编由 176 卷案例汇编及两卷案件索引所组成。该套系列案件的出版及编辑方式与其原始版本类同,以根据原来案例汇编涉及的法院所审判之案件进行分类。原始案件汇编的页码也被保存了下来。《英国案例汇编》重现了自 1220 年到 1865 年期间,超过 274 个不同案例汇编的报道内容包含其内,成为一套完整系列。倘一个案件在其他案例汇编系列中也有报道时,本汇编中还会提供"相互参照表"(cross references)俾供查阅。这些案件将会用"S. C."的缩写字来标示,即"相同案件"(same case)。唯一没有被纳入报道的是一些"非权威性或非官方"案例汇编。一些没有在《英国案例汇编》中报道的案例,可以在稍后的《修订案例汇编》(Revised Reports)中找到。

《英国案例汇编》的第 177 卷和第 178 卷两卷是对于该系列汇编再版的一个完整按字母排列案件的索引表。索引提供了案件在整个系列中的卷号和页次。此外,还有一个补充卷和一个图表,该图表列出已往"具名"案例汇编的简称,并指出在该次再版中的具体卷号及如何可以找到这些具名案例汇编。该补充卷和图表的具体使用方法如下:例如想要查找 *Trower v. Newcombe*(1813)3 Mer. 704 一案时,图表和补充卷将会告诉你 Mer. 是 Merivale 案例汇编(Merivale's Reports)的简称,卷 3 则表明该案位于《英国案例汇编》重印版中的第 36 卷中。在第 36 卷的书脊上,会有一个文字说明"Merivale 3,Swanson 1—3"的表示,这表明了"具名"案例汇编在卷中的重印版的顺序,Merivale 的卷三很明显位于书的前半部分。重印版书中的页次顶端会用黑体(black letter)大写简称的方式来表示该"具名"案例汇编相关的页码。在《英国案例汇编》第 1 卷至第 20 卷的页次底部会出现一个页次码编号,这个编号只有通过案例索引或者通过《大英帝国判决摘要》(English and Empire Digest)中的《英国案例汇编》索引集中查找一个案例的时候,该页次码编号才会发挥作用。

这个图表和补充卷的缺点是"具名"案例汇编的简称都是固定而无其他选择。但这一缺点在 1941 年 Glanvillse Williams 编印的《英国案例汇编一览表附录》中得到补救。另外在《剑桥大学法律期刊》中第七卷第 267 页中可以得到资讯或者在 1962 年由 C. W. Ringrose 编印的《如何寻找法律》一书中第 175 页中亦可找到。

第三节　案例汇编系列

自 1865 年起,案例汇编联合委员会开始出版一种由英国高等法院判决案件汇编的合集称为《案例汇编》。一个案件被编入《案例汇编》之前,它必须经相关案件法官宣读或批准方可。该案例汇编是半官方性质的,如果一个案例被编入《案例汇编》,诉讼时法院将会要求当事人或律师指出以该汇编中的案例作为依据,而不是引用该案件在其他案例汇编中的记录或报道作为依据。

在 1875 年英国法院体系重组之前,《案例汇编》由十一个不同的法院体系组成报道案例。每个法院体系有不同的管辖权。根据 1873 年颁布于 1875 年生效的《英国高等法院体系改革法》的规定,现存的上级法院,除英国最高法院(House of Lords)豁免外,其他专属或法院体系都被废除并重组为高等法院及上诉法院组成受理当事人纠纷的第一级审判事务。高等民事法院又被分为五部分:衡平法庭(Chancery Division)、遗嘱法庭(The Probate)、海事和离婚法庭(Admiralty and Divorce Division)、普通诉讼法庭(Common Pleas Division)、理财庭和王座法庭(Queen's Bench Division)。1881 年起,后三个法庭被合并为女王法院(Queen's Bench Division)①。从 1875 年开始,高等民事法院的上诉案件由上诉法院审理。不过上诉法院的判决不会单独编辑汇编,而是将其放在该案件被初次审理时所在的高等民事法庭的案件汇编系列中。因此,如果上诉法院审理的是一起由衡平法庭审理过的上诉案件,上诉法院的判决结果将会出现在衡平法庭的汇编中。自 1866 年至 1875 年间,1830 年所建立的财务法院也采用上述相同方式出版案例汇编。自 1866 年至 1875 年间,刑事案件审判法院(Court of Crown Cases Reserved,1848 年建立,受理刑事上诉案件)单独出版案例汇编,不过此后该庭案例汇编也被纳入王座法院的案例汇编之中。这一做法一直持续到 1907 年,刑事案件审判法院被刑事上诉法院所取代为止。

1890 年之后,《案例汇编》援引的方法发生了变化。起初是对每一卷分别编号,例如 6 App. Cas. 740,1890 年以后,引用时按照汇编出版年份排列,

---

①　英国王座如果是由男性出任国王时,该时期的英国高等法庭称为王座法庭(King's Bench Division),如由女性出任国王时,该法庭称为女王法院。目前英国王座是由女性担任,故法庭称为 Queen's Bench Division,法院管辖性质为高等法庭的一种。

例如［1947］A. C. 573。在某一个特定法庭汇编系列中,某一个年份出版的
汇编或许不止一卷时,在这种情况下,汇编卷号被放在年度的后面,例如
［1952］1 K. B. 290。当案例汇编的年份是其标题的一部分的时候,该年份
应该被写在方括号内,如［1952］。当年份并不构成标题的一部分,仅是为
了作为进一步鉴别的需要时,那么该年份应该被写在圆括号内例如(1879)
4 Ex. D. 216。以下为英国案例汇编中通常报道的案例所涉及年份、法庭及
其缩写字母之代表的一览表。

案例汇编一览表

1866—1875

House of Lords, English and Irish Appeals (　　) L. R. H. L.

House of Lords, Scotch and Divorce Appeals (　　) L. R. H. L.　Sc. or
(　　) L. R. H. L. Sc. & Div.

Privy Council Appeals(　　)L. R. P. C.

Indian Appeal (1875-5) (　　) L. R.　Ind. App.

Chancery Appeal Cases (　　) L. R.　Ch. or (　　) L. R. Ch. App.

Equity Cases (　　) L. R. Eq.

Crown Cases Reserved (　　) L. R.　C. C. R

Queen's Bench Cases (　　) L. R.　Q. B.

1875—1880

Common Pleas Cases (　　) L. R.　C. P.

Exchequer Cases (　　) L. R.　Ex.

1875—1890

House of Lords and Privy Council Appeals Cases (　　) App. Cas.

Chancery Division (　　) Ch. D

Queen's Bench division (　　) Q. B. D

Probate, Admiralty and Divorce Division (　　) P. D.

1891 to date

House of Lords and Privy Council Appeals Cases [　　] A. C.

Chancery Division [　　] Ch.

Queen's Bench Division (or King's Bench Division) [　　] Q. B. or
[　　] K. B.

Probate, Admiralty and Divorce division [　　] P.

第四节　其他案例汇编

其他一些出版社出版案例汇编丛书中内容与《案例汇编》中的案例可能发生重复。当然，有时候这些案例汇编中的案例并没有在官方的《案例汇编》之中。倘一个案件被汇编入《案例汇编》，同时也被编入其他案例汇编中时，在使用时具有官方性质的《案例汇编》中的判例将优先被引用。如果读者想要查找某一卷《案例汇编》，而该卷恰好正被他人使用中，那他不得不查找该案例的其他案例汇编版本。在《大英帝国判决摘要》和其他类似出版物中，读者可以由该案例的相关索引情况而找到该案例。

下面就是一些其他主要的案例汇编的介绍：

《全英案例汇编》(All England Law Reports (All E. R.)，自 1936 年至今。该判决汇编主要收集了高等法院的判决。而其中的一些判决并没有编入《案例汇编》一书中。它的卷页是按年份标记，如果一个年份中有两卷或者更多者，卷号会被放在年份的后面，例如：[1964] 2 All E. R.。该汇编在编者指南中指明可以与《霍斯伯里英国法大全》(Halsbury's Law of England)、《Halsbury's 英格兰法规汇编》以及《大英帝国判决摘要》进行相互参照。该汇编自 1936 年至 1956 年有一个永久索引(Permanent Index)，其中包括一个主旨索引(Subject-index)和案例一览表所组成。同时每一个年度会加印新增索引连同附加索引予以补充，附加索引的第一部分是从 1957 年至今的主旨索引。第二部分是案例一览表，该一览表记录了两类内容，一是 1936 年至今《全英案例汇编》(All England Law Reports)所汇编的全部案例，二是自 1843 年至 1935 年重印经司法当局过滤后的判例案件纳入其中。

英联邦国家的案例如要编入《全英案例汇编》时，例如自 1936 年至 1955 年对澳大利亚和新西兰上诉案件判决，以补充版在澳大利亚和新西兰《全英案例汇编》(Australian and New Zealand Annotations to the all England Reports)"判例评注"中加以罗列。最近补充版的内容便是《全英案例汇编》重印版中的案例。

《全英案例汇编重印版》(All England Laws Reports Reprint，缩写为 All E. R. R)自 1843 年至 1935 年共 30 卷，该系列包含先前出版的《法律时评案例汇编》(Law Times Reports)中的案例。但将那些不很重要或者已经被推翻的案例排除在外。

　　《法律期刊案例汇编》(Law Journal Reports,缩写为 L. J.),自 1822 年至 1949 年。本汇编包括了各种不同法院的判决案例,不过出版者还是试图将不同法院的判决案例区分而单独以汇编方式分别出版。他们会对不同法院的判决进行编号出版。因此,如果你想要寻找 *Harvery v. Graham* (1836) 5 L. J. (N. S.) K. B. 234 一案时,你应该在同卷中翻到衡平法院案例汇编中的第 234 页寻找。此外,在其出版后期的一段时期内的案例汇编被归入两卷或三卷中出版,尽管如此,但这个时期的出版的卷都是相同的卷号。因此便会有三卷编号都为 33 的出版品。第一卷是衡平法或破产法案例,第二卷是普通法案例,第三卷是海事、离婚以及继承案例。在 1950 年,该汇编被并入《全英案例汇编》之中出版,而《法律期刊》本身仍然以法律期刊定期继续发行。

　　《法律时评案例汇编》(Law Times Reports,缩写为 L. T.),自 1859 年至 1947 年共 177 卷。该汇编取代自 1843 年至 1859 年间所编的旧法律时评案例汇编(Law Times Old Series)。在 1851 年前,这些案例都被统一汇编进《法律时评》(Law Times)中。从 1851 年开始,这些案例汇编被分别编页出版,直到 1859 年这些案例汇编被装订成册出版。1948 年初,该汇编被合并纳入《全英案例汇编》(All England Law Reports)中。不过《法律时评》仍然作为一种法律期刊继续出版发行。

　　《泰晤士报案例汇编》(Times Law Reports,缩写为 T. L. R),自 1884 年至 1952 年共 66 卷。该汇编由泰晤士报出版。

　　《每周评注》(Weekly Notes,缩写为 W. N.)(1860—1952)中的大部分案例都被编入《案例汇编》(Law Reports)中,那些以星号标明的案例则没有编入《案例汇编》之中。该汇编的第二部分列出了当时一些新的制定法、新法庭规则或实务上的评注。

　　《每周案例汇编》(Weekly Law Reports,缩写为 W. L. R)自 1953 年至今,每周由案例汇编联合委员会出版。每年的第一卷由那些不会被编入《案例汇编》的案例组成。第二卷、第三卷则由那些最终会出版的案例所组成。《每周案例汇编》、《案例汇编》及自《1951 年至 1959 年限制贸易实施案例汇编》(Restrictive Trade Practices Reports, 1951—1959)三者共有一个总索引,以便利查阅。

第五节　英国刑事案例汇编的全名及缩写

《考克斯刑事案例》(Cox's Criminal Cases, Cox C. C.), 1843—1841 (31 v.)

《刑事案件上诉案例汇编》(Criminal Appeal Reports, Cr. App. R.), 自 1908 年至今, 汇编中包含刑事上诉庭中判决的案例, 其中亦包括其他刑事分庭(Divisional Court)及一些巡回法庭的刑事判决案例在内。

《刑事案件评论》(Criminal Law Review, Crim. L. R.), 自 1954 年至今, 它是一本法律期刊, 报道简要案例汇编。其中的一些案例是其独有而在其他汇编中未曾报道的案例。《治安法庭以及地方政府案例汇编》(Justice of The Peace and Local Government Review Reports, J. P.), 1949 至今, 共 96 卷, 这些案例由治安法庭以一种期刊方式装订出版。67 卷之后, 这些案例被分别另行编号发行。

《国家审判 Howell's 案例》(State Trials, Howell's, Howell's St. Tr. or St. Tr.), 1816—1826 (34 v.)

《新版国家审判案例》(State Trials, New Series, St. Tr. (N. S.)), 1820—1858 (8 v.)

第六节　其他法类案例汇编

《新版 Aspinall's 海洋法案例》(Aspinall's Martine Cases, New Series), 自 1870 年至 1940 年共有 20 卷于 1961 年再版出版。

《新版 Butterworth's 员工薪酬案例汇编》(Butterworth's Workmens Compensation Cases, New Series), 1924 年至今。

《Lloyd's 清单案例汇编》(Lloyd's List Law Reports), 1919 年至今, 该汇编中的案例与海运以及商务活动有关。汇编中大部分的案例都是英国法院判决, 但在汇编中亦可发现少数加拿大、澳大利亚以及美国法院判决的案例。

《薪酬计划案件汇编》(Planning and Compensation Reports), 1949 年至今。

《商业案件汇编》(Reports of Commercial Cases), 1895 年至 1941 年共 46

卷,该汇编由泰晤士报再版发行。1941 年之后,该汇编被归入《泰晤士报案例汇编》中发行。

《专利、设计、商标以及相关案例汇编》(Reports of Patent, Design, Trade Mark and Other Cases),1884 年至今,有 1—72 卷,其中有三卷专利案例判决摘要。

《禁止贸易不当交易案例汇编》(Reports of Restrictive Trade Practices Cases),1958 年至今,该汇编由案例汇编联合委员会出版。

《税法案例汇编》(Reports of Tax Cases),1875 年至今,第 1—40 卷（自 1875 年至 1963 年）有一索引,并可参照 Sir Edward R. Harrison 1949 编辑的《税法案例索引和判决摘要》(第六版)一书作为补充。

第四章　判例摘要

第一节　性质和目的

　　判例法的判例摘要(digest)是对司法判决案件的一个索引。不同种类案例汇编和不同司法管辖之下所作的判决案件都有各自不同的判例摘要。单一国家或者数个国家间均有其各自的判例摘要。判例摘要覆盖的范围越广,其实用性自然就越强。

　　在判例摘要中,案件依照其主旨事项加以分类和编排。为了有效使用判例摘要,律师或法律研究者必须首先清楚哪些主题与其所要研究的问题有关,而且与这些主题有关的判决在判例摘要中又是如何分类的。一个判例摘要包括该案件名称和案件判例引用情况及该案件的简单案情摘要。这些摘要并不能满足研究者所要查寻关于本案的全部资讯。一般而言,这些摘要和判决书中的判决摘要相差不多。判例摘要并不试图评价一个案件的价值问题或从判决中找出一些法律原则。判例摘要中包括判例评注和日后引用某特定案例相关案例一览表以供参考。

第二节　案例简略摘要

　　判例摘要和案件汇编几乎同一时间出现,在以印刷版案例汇编出版之前很长一段时间,律师们因业务需要而从《判例年鉴》(Year Book)所报道的案例中作成摘要笔记供自己使用。直到14世纪末,以Staham为名的第一个印刷版本的《判例摘要》才正式出现。Staham的版本编排非常简略,仅仅把律师们自己使用分散各处的案件范本简单地归纳在一起出版。

　　第一个重要的法律年报摘要1516年由Fitzherbert出版社出版。这部作品极受欢迎并被再版数次。大部分的《判例年鉴》中的案例都在该摘要中完全或部分地重现了出来。该书中有些案例在其他出版品中并无报道,书中之主题按照字母顺序排列,而且与今日判例摘要做法一致,每个主题下的案例被依次编号。

　　1574年,Brooke版法律年报摘要正式出版。该书中的判例摘要比上述

Fitzherbert 版还要简略。不过 Brooke 版采编了亨利三世（Henry III）统治时期的一些案件，这些案件在 Fitzherbert 版中没有提及。该书后来的版本更加类似于法律百科全书。

第三节 大英帝国判例摘要

该书是最全面的英国判例法摘要，它涵盖了所有"具名"案例汇编中纪录的英国法院判决以及包括苏格兰、爱尔兰、英属殖民地、英属自治领地法院的判决。该判例摘要由 164 章组成，每章又被分为若干章节、子章节和标号段等。在每一章的开始会有一个主题分析。每个标段代表一个案件的判例摘要。这些段落的号码都是连续的，而不是分类号码，但这些号码也可以被用来区别其后具有相同案例的案件。

例如附录三中的样本二便是从修订版第 28 卷的未成年人主题下选取出来的①。英国法院的判例摘要采用大写字母，而在每段摘要后面罗列日后援引该案的相关案例的评注等则采用小写字母。

在英国案例之后，是其他英联邦法院作出的判决摘要。需要注意的是，这些案件的连续编号与在英国案例汇编中的编号所代表的意思并不相同。

1919 年至 1930 年，《大英帝国判例摘要》（The English and Empire Digest）第一次出版，共 48 卷。第 45 卷和第 46 卷按照字母顺序列出了所有摘要案例并指出在卷中的位置。第 47 卷和第 48 卷则是一个主题索引（subject index）。第 1—44 卷都附有各自的主题索引和案例列表。还有单独未编号的一卷，被称为《实务指南》，该指南是在司法实践、司法程序和辩护方面对案例所进行的摘要。

几乎所有《大英帝国判例摘要》的原始版都已经被修订出版。这些修订版涵盖了原始版中摘编的案例及日后的案例。每个修订卷的书脊（its spine）上都印有蓝色的皇家图案以示区别。修订版中自第 1 卷至第 36 卷有一个临时索引。不过想要找到没有被该索引所指出的修订卷汇编案例，就不得不使用旧的索引去寻找。因为修订版的编号和其所替代原始版的编号并不相同，所以经常会让人产生混淆。而且案件的连续编号也不相同。因此在每一个修订卷的最后一页会有一个对照表，该对照表列出了旧版本案例的段落号码以及其在修订版中相对应的段落号码。所以如果你想在修订

---

① 请见附录三样本二《大英帝国判例摘要》修订版第 28 卷。

版中找到没有在临时索引中列出的案例,首先应该查阅第一版的主要索引,
然后在原始版本中所标示出的有关章段中寻找。接着去找相对应的修订
卷,在该修订卷最后的对照表中进行查找,你就会找到你所要寻找的案例。

　　要查找现代的案例,就需要借助累集摘要补遗版(Cumulative Supple-
ments)。累集摘要补遗版一般是每十年出版一次。摘要补遗版会对十年来
所累集摘要部分进行补充。第三次也是现行的累集摘要补遗部分可以被区
分为两个部分,一部分是对所有修订部分进行补充,另一部分则是对原始版
本进行补充。想要在补遗版中查找资料,你必须首先查阅判例摘要中的相
关案卷,确定卷号、主题号码和段号,例如 Volume 29, Insurance, Paragraph
1372 是。接着可以通过同样的名称和号码在补遗版中找到该案的其他资
料,例如附加的评注等。想要在补遗版中查找最新英国法院判决的相关资
料,则需要查阅《现行法律摘要》(Current Law)。

第一款　Mew's 英国曼斯判例摘要

　　《Mew's 英国曼斯判例摘要》(Mew's Digest of English Case Law)与《大英
帝国案例摘要》类似,但其范围没有那么广泛。判例的摘要更加详细,不过
该书只选择其认为有法律意义的案例进行采编。1898 年,该摘要的第一版
出版,第二版也就是现行版包括了至 1924 年的判决,此外该书还有两个累
集补遗版,时间分别为自 1925 年至 1935 年及 1936 年至 1945 年和自 1946
年至今的年度补遗版。该摘要还有摘要案例列表、法院所引用的案例表及
立法机关所公布的法律列表。

　　《法律以及案例摘要》(Law Reports Digest of Cases and Statutes)自
1865 年至 1950 年,是案例汇编联合委员会出版《案例汇编》(Laws Re-
ports)中所报道案例的判决摘要。该摘要区分为六个部分,第一部分自
1865 年至 1890 年,其后每十年为一单元整理出版。自 1951 年初开始,该
摘要以年度合并总索引所替代。总合并索引编纳入《案例汇编》以及《每
周案例汇编》(Weakly Laws Reports)中的案例并附有相应引用对照表。其
中并附有从 1951 年 1 月 1 日起,司法所引用的法律及案例。自 1960 年 1 月
1 日起,《每周案例汇编》中的主要事项索引中包含了总合并索引内容。

第二款　全英案例汇编索引

　　自 1936 年至 1956 年在全英案例汇编中所报道的案例及对该等案例所
作的摘要案件均编入长年索引(Permanent Index)之中,而事后每年再在累

集索引中加以补充出版,以便查找。

第四节　现行法律摘要

现行法律摘要(Current Laws)由四部分组成,从其跨越的年份计算,是英国最全面的案例索引。它不仅包括案例法还包括制定法、立法材料、法律专著和法律期刊等。四个组成部分分别介绍如下:

(1)现行法律摘要(Current Law)——包括判例法、制定法摘要及相关法律档索引,每月出版一次。

(2)现行法律摘要年鉴(Current Law Year Book)——以月刊合集方式出版。

(3)现行法律摘要合集(Current Law Consolidation)——1947年至1951年摘要年鉴的合集本。1952年至1956年的摘要年鉴则被归入1956年的现行法律主要摘要年鉴中。1961年至1966年的现行法律摘要年鉴重复以上方式出版。

(4)现行法律摘要援引集(Current Law Citator)——为一年度补遗英国司法案件所遗漏的部分,罗列的事项包括自1947年开始所有的英国法院的判决以及1947年以来被制定法所影响的案例、影响前述案例的其他法令等。

现行法律摘要月刊、年鉴和合集中所摘编的判例法和制定法均按照各种不同主题进行排列。每月书籍和文章都会被列入适当的主题之下。但在年鉴中,法律书籍及法学文章则分别单独列出。使用人可以在主题索引中找到这些清单的相互对照表,在1956年年鉴中,有一个自1947年至1956年文章的总合并索引。在每年年鉴开头,都会有一个当年制定法以及立法资料的一览表。现行法律摘要合集中也会出现类似的一览表。

每年年鉴还包括一个累集主题索引。想要进一步了解现行法律摘要的使用方法,可以参阅《如何使用现行法律摘要》(How to use Current Law)一书。

第五节　澳大利亚判例摘要

《澳大利亚判例摘要》(Australian Digest)的第一版和第二版正处在交替期。因此,现阶段需要了解如何使用这两个版本。

第一版本包括：

（1）共 24 卷，自 1825 年至 1933 年，澳大利亚法院的所有判决（包括澳大利亚上诉至英国枢密院的判决）进行的摘编。第 23 卷为摘编案例以案例字母顺序排列索引，第 24 卷为被法院判决引用过的案例一览表。

（2）第一个长期摘要补遗版，共 5 卷。摘编了自 1933 年至 1947 年澳大利亚法院的判决。这五卷编号为第 25 至 29 卷。第 30 和 31 卷则是自 1—29 卷的主要索引。

（3）一连串的年度摘要补遗选编了自 1948 年至今的案例。直到 1959 年，每一年的补遗版都会包括过去补遗中摘编案例的相互参照表。这导致了年度补遗版每年的规模都有所增加。自 1960 年起，相互参照表从年度补遗版中删除。删除的原因是《澳大利亚判例摘要》的出版者找到了更好的解决此一问题的方法，即可以不增加每年补遗版的规模，又可以将各年的内容纳入其内。这个解决办法就是下面提到的主合订本。

（4）主合订本（The Master Volumes）。每个主合订本包括五个部分。第一，摘编案例合并一览表。第二，主题索引（subject index）（以判例摘要中所通常使用的标题为基础）：该索引可以标示出与某主题相关的案例位于哪一个具体的年度合订本中。在每个标题的后面，是澳大利亚法律期刊中与之有关的文章和评注。第三，由司法界所公认的法律名词、片语和法律格言清单。第四，澳大利亚司法界引用的案例清单。第五，主题事项索引，共有两个主合订本，第一个主合订本涵盖了自 1948 年至 1959 年的年度摘要补遗版。第二个则是从 1960 年至今的版本。

第一款　使用澳大利亚判例摘要的方式

摘编的案例摘要被分为几大部分，例如破产、未成年人以及儿童等。在第一版第一卷的第 xix—xx 页中有一个判例摘要所使用标题的一览表，第二版的分类和第一版稍有不同。

每个主标题下是范围标示，指出该标题的涵盖案例范围，并可与相关案例标题相互参照。在范围标示之后是内容列表。附录三中的样本三来自《判例摘要》第 11 卷。样本标题下面的每一个子章节都被赋予一个段落号。附录三中的样本四也来自《判例摘要》第 11 卷①。你会注意到页面被分成了两栏，每一栏都被分别标号。而《大英帝国判例摘要》中，案例并不是分

---

① 请见附录三样本三和样本四《澳大利亚判例摘要》1825 年至 1933 年样本。

别编号。在《澳大利亚判例摘要》中的号码(通常被称为方括号号数,因为他们都是被放入方括号中以与该页上的其他数号加以区别)可以用来表示某一主题下的分类。如某摘编案例为随后的案例所引用,不过引用该案例的后续案例清单却不会在书中列出。如果想查找这些资讯,必须查阅第24卷、第29卷及主合订本中的司法引用案例一览表才能找到。

如想要查找某一特定主题下的所有澳大利亚案例,第一步便是在《判例摘要》中找到相关子分类(方括号数号),可以用几种不同方式完成寻找方式。例如可以参阅第30卷和第31卷的一般索引,它会显示原始判例摘要(1825—1933)和长期摘要补遗(1934—1947)版中相关的卷号和页号。在《澳大利亚判例摘要》第二版的每一卷中都会有一个索引,该索引对第一版第30卷和第31卷中的一般索引发挥了补充的作用。接着可以翻到原始版的适当主题之下(例如保险),浏览目录进而找到适当的子分类。如果知道相关案件的名称,便可以通过查阅案例一览表来查找其他类似的汇编案例。一旦找到了相关的"方括号"数号,例如[保险[6]],你需要查找三本书中该数位项下的内容,这三本书分别是:原始卷共23卷,第一版长期摘要补遗及主合订本,通过这些工具书可以进一步查阅相关的年度补遗版本中所要的资料。

附录四中的样本五是从1948年至1959年的主合订本中选取出来的①。可以先浏览条目,确定自1948年至1959年的主合订本中有哪些专门问题项下的相应判决。方括号中的数号代表相关主题的子分类,大写的数号则代表年度补遗版。在样本五中用圆圈标示出的条目表明与未成年人契约中金钱补偿的支付和财产转让有关的判例汇编入1956年的补遗版中。想要查找新近的资料,还需要查阅最近出版的主合订本及《澳大利亚法律每月摘要》(Australian legal Monthly Digest)。

尽管使用主合订本非常方便,不过一名律师想要研究的某个问题的判决往往多不胜数,因此查找判决是一项长期而繁重的工作。第二版的《澳大利亚判例摘要》从整体上替代了第一版中包括原始的24卷,长期补遗和年度补遗的出版品。第二版摘编了从1825年到该年12月31日的澳大利亚案例。当所有组成第二版的卷本都出版后,将再会出版一个截至同一时间的合订补遗版。与此同时,现行年度卷本和主合订本将会对第二版中的卷本和第一版中没有被替代的卷本进行补充。因此,第二版第一卷摘编了截

---

① 　请见附录三样本五《澳大利亚判例摘要》主合订本第1948—1959卷。

至 1961 年 12 月 31 日之前汇编的案件。而其后的判决将会被摘编入 1962 年和下一年的年卷中,包括这些年份主合订本中将会说明哪一个年卷包含哪些相关判决。

想要轻松使用第二版《澳大利亚判例摘要》的关键同第一版一样,就是要区分相关的分类数号。不过容易产生误解的是,第二版中的方括号中数号与第一版中的数号并不一致。因此第一版中的 Bank[41]变成了第二版中的[43]。第二版中的每一卷都包含两个版本的数号对照表。如果想要通过数号寻找第一版《摘要》中的某一部分,应该检查一下是否该部分在第二版中已经有了一个新的号码。因为对《澳大利亚判例摘要》的补充是年度补遗,所以都是随时更新而不完整。想要查找更多最新案件,必须参阅《澳大利亚法律每月摘要》(Australian Legal Monthly Digest)。

第二款 澳大利亚法律每月摘要和澳大利亚现行法律摘要

《澳大利亚法律每月摘要》如同英国《现行法律摘要》的相对补充版。它提供了最新的联邦和各州司法判决以及立法情况的参考资料。根据主题事项将条目组合并为每一组制定一个数号。从 1959 年开始,每一个澳大利亚判决的编目都被编入《澳大利亚判例摘要》中的分类号系统中。每个月,在每个分类主题下,与澳大利亚案例摘要相互结合而出版结合一览表作参考。

除此之外,《每月摘要》还包括以下各一览表资料:

(1)联邦以及各州所制定法律按字母顺序排列;

(2)最近重印制定法一览表;

(3)已废除或修订法案一览表;

(4)新近案例汇编案例集合一览表;

(5)集合主题索引表;

(6)近期出版法律书籍清单;

(7)不能在完整案例汇编中找到案例的相关资料;

(8)每月法律热门话题;

(9)每月重要法律事件短评等。

《澳大利亚现行法律摘要》(Australian Current Law)是澳大利亚 Butterworth 出版社于 1963 年起不定期出版的澳大利亚法律汇编,其中包括司法判决、制定法、法规、行政规章以及政府公告等有关的最新法律资讯。每一年的《现行法律摘要》按照主题事项进行分类,并以活页分送客户。随后将这些活页装订成册。最近的一卷为 1963 年至 1966 年卷。

第三款　其他澳大利亚判例摘要

因为《澳大利亚判例摘要》已经涵盖了几乎所有的判例法领域,所以并不需要再出版专门法领域的判例摘要。一些没有被编入汇编的判决则被编进了 L. F. Hore 主持的《1856—1896 年塔斯马尼亚州判例摘要》之中及 G. C. Addinson 主持的《自 1840 年至 1895 年 6 月 30 日新南威尔士州治安及刑法案例摘要》之中。不过现在看来《澳大利亚判例摘要》已经包含了上述这两个案例摘要中的相关案件。除了一些纯粹出于历史上考虑的案件外,几乎所有的案件都被编入《澳大利亚判例摘要》①。

---

① 　想要更详细地了解判例摘要,可以查阅《澳大利亚书目以及书目服务》(Australian Bibliography and Bibliographical Services) (Australian Bibliographical Center: Commonwealth National Library,1960) 一书,标题为"案例汇编,判例摘要等"。

第五章　其他普通法法域的案例汇编

　　许多英联邦国家以及非英联邦国家都是普通法系的国家。虽然各个法域之间的普通法适用存在许多不同类型,但其基本形态及原则仍然是统一的。在英联邦国家,这种统一性及一致性主要是通过两种方式逐渐达成的,一是殖民地最高法院将最终审判案件上诉到英国枢密院司法委员会的上诉体系,二是殖民地或自治领地法院遵循英国判例的相关解释。枢密院的判决为终结判决,对上诉案件来源国的所有法庭都有拘束力。如果枢密院会对来自一个普通法国家的案件进行审判,其判决对其他英联邦普通法法域具有同等拘束力。其他英联邦普通法国家法院所作出的判决对于其他英联邦国家如澳大利亚法院没有直接拘束力,但是它们的判决还是具有一定的说服力(persuasive),如果不违背当地法律原则的话,也可以被遵循。

　　一名律师或学者对某一特定问题在英国或澳大利亚法院判决汇编中往往可以很容易查到。但是如果对于某一问题在英国或澳大利亚的判例中找不到,或者这些判例不能令人满意或不具有终局性时,那么就需要到其他普通法国家寻找是否存在有关这个问题的判例。此时,想要做全面的检索寻找几乎是不可能的。在有限的时空下,律师或学者能做的就是将自己的寻找范围限制在立即有效和拥有最大价值的材料上。在英国及澳大利亚判例之后,可以在新西兰、加拿大、爱尔兰以及美国的法院判例中去寻找所要的资料或问题的答案。在某些领域,苏格兰法律或判例与英国法律相同,所以苏格兰的判例也是可以参考的。

　　那么从哪里找寻其他法域的判决先例呢? 教科书是一个很好的开端。例如,如果你想要查找一个与一名陆军军医进行了一场非经授权但很必要的手术所应承担法律责任有关的美国案例,或许可以从美国侵权法教科书以及与医疗从业者有关的专门法律书籍开始入手查找,美国的案例汇编也可以提供非常多的帮助。许多英联邦国家以及前英属殖民地的法院判决都被摘编进了《大英帝国判例摘要》,或在英联邦国家所编辑各种案例汇编等中①。现将英联邦国家成员中主要国家的判例或法律资料编辑情况介绍如下。

第一节　新　西　兰

新西兰(New Zealand)的政府组织形式比较单一,它的法院系统远没有澳大利亚那么复杂。它有一个最高法院,最高法院审理的案件是由下级法院上诉而来,或由地区上诉法院上诉而来。受薪法官主掌地方法院审判工作,不过有时候地方法院也会由非专业的太平绅士主理。许多下级法院的判决也会被汇编成册。此外,新西兰还有一些具有专门管辖权的法院,例如仲裁法院、薪酬法院、土地估价法院及儿童法院等。

以下便是新西兰主要的案例汇编:

Court of Appeal Reports, by Johnston (Ct. App. N. Z. or App. Ct. Rep. or App. R. N. Z.), 1867—1877.

Gazette Law Reports (G. L. R. or Gaz. L. R.), 1898—1953.

Jurist Reports (Jur. R.), 1873—1875.

Jurist Reports, New Series (Jur. R. N. S.), 1875—1879.

Magistrates' Court Decisions (M. C. D.), 1939 to date.

Magistrates' Court Reports (M. C. R.), 1905—1953.

Local Government Reports (N. Z. L. G. R.), 1935 to date.

New Zealand Law Reports (N. Z. L. R.), 1883 to date.

New Zealand Law Reports, Court of Appeal (N. Z. L. R. C. A.), 1883—1887.

New Zealand Privy Council Cases (N. Z. P. C. C.), 1840—1932.

Workers' Compensation Cases, New Zealand (W. C. C. (N. Z.)), 1925 to date.

最重要的新西兰现行案例汇编是《新西兰案例汇编》(New Zealand Law Reports),它汇辑了最高法院、上诉法院和地方法院的判决在内。

直到最近新西兰还没有综合性的判例摘要汇编,所以想要查找新西兰

---

① 例如 Institute of Advanced Legal Studies 所编的 A Manual of Legal Citations: Part II, The Common-wealth。Irish and Scottish reports are included in Part I of the Manual.

的案例,必须分别使用不同案例汇编的判例摘要,例如,《新西兰案例汇编》的相关判决摘要、1906—1926年地方法院案例汇编摘要和1906—1952年地方法院判决汇编等。

近年来在新西兰出现了一个新的判决摘要,由 H. J. Wiley 主编的《新西兰判例法法律汇编》(Abridgement of New Zealand Case Laws),共有15卷。该《法律汇编》囊括自1861年至20世纪60年代的所有案例。它的分类方式效法《大英帝国判例摘要》,在每一个大主题的开始都会有一个相关类别以及子类别的一览表。尽管到目前为止出版的每一卷《法律汇编》都会有该卷的索引,不过缺少一个总主题索引。总主题索引的缺失给读者查找特定问题的相关案件造成了不便,为了查找相关案件,读者需要首先确定该案所涉及的法律问题,在确定了该问题之后,读者还需要查明《法律汇编》是否将该主题纳入其中。如果有这个主题,那么读者就需要借助与该主题有关的某一卷《法律汇编》的索引或相关章节开头的主题评析进行查找。如果没有想要查找的主题,读者就不得不借助其他的判例摘要了,如从《新西兰案例汇编》的相关判例摘要中寻找。

还有另外一种方式查找新西兰案例,便是借助《霍斯伯里英国法大全》(Halsbury's Laws of England)的新西兰指引进行查找。该指引的使用方法和澳大利亚指引相同。

第二节　加　拿　大

加拿大司法系统与澳大利亚类似,也是存在两级高等法院,即国家级和省地方级。除魁北克省(Quebec)是大陆法系外,其他加拿大各省皆为普通法系。最全面的案例汇编是《国家案例汇编》(Dominion Law Reports,简称D. L. R.),囊括了各级加拿大法院的所有判决,其中也包括加拿大最高法院和加拿大财务法院的判决,加拿大上诉到英国枢密院的判决也可以从该《汇编》中找到。《国家案例汇编》按照时间分为三个系列丛书,第一个系列是从1912—1922年;第二个系列是从1923—1955年;第三个系列是从1956年至今。日期并不是第一系列和第三系列案例汇编援引(cited)集的一部分,两个系列都是通过它们的编号被援引(cited),如(年份)2 D. L. R.。为了区分第一系列和第三系列的卷号,一般在援引第三系列的时候还会在D. L. R. 后面标上(2d)。第二系列则按照[年份] D. L. R.(N. S.)的格式被援引。

　　加拿大最高法院的判例汇编不仅出现在《国家案例汇编》之中,还出现在由加拿大最高法院出版的《加拿大案例汇编》(The Canada Law Reports)中。该汇编的第一卷系列是从 1876—1922 年,其援引方式为 S. C. R. 或 Can. S. C. R. 。第二卷系列是从 1923 年至今,援引格式为[年份]S. C. R. 。

　　其他"国家级"案例汇编系列为:

　　　　Canadian Bankruptcy Reports (C. B. R. or Can. Bank. R.), 1920 to date.

　　　　Canadian Criminal Cases (C. C. C. or Can. C. C. or Can. Cr. C. or Can. Cr. Cas.), 1898 to date.

　　　　Criminal Reports, Canada (C. R. or Crim. Rep.), 1946 to date.

　　　　Canada Law Reports, Exchequer Court of Canada (Exch. Can. or Exch. C. R.), 1923 to date. This series continues the Reports of the Exchequer Court of Canada, 1891—1922.

　　省级法院的判决汇编可以在地区案例汇编系列中以及各省单独的案例汇编系列中找到。创办于 1911 年的《西部地区每周案例汇编》(Western Weekly Reports, W. W. R.)包括加拿大艾伯塔省 (Alberta)、不列颠哥伦比亚省(British Columbia)、马尼托巴省 (Manitoba),以及萨斯喀彻温省(Saskatchewan) 等地区法院判决的重要案例。另外一个地区案例汇编便是创办于 1929 年的《沿海省份案例汇编》(Maritime Provinces Reports, M. P. R.),包括加拿大新不伦瑞克省(New Brunswick)、新斯科舍省(Nova Scotia)、爱德华王子岛(Prince Edward Island),以及 1947 年后纽芬兰 (New Foundland)省地区法院的判例。随着这两个地区案例汇编的出版,一些省级的案例汇编停止发行或出版。现在只有加拿大安大略(Ontario)和魁北克(Quebec)两省的案例汇编系列还继续存在及出版。

　　此外还有一些专业的案例汇编,例如破产法、保险法、工业财产法以及税法等之案例汇编。

　　与英国一样,加拿大也有自己的判例摘要,其中最全面的便是《加拿大法律摘要汇编》(Canadian Abridgement),其中包括 35 卷主要合订本,另外 10 卷自 1936 年至 1955 年的判例法(case-law)合集及年度合订本。《加拿大法律摘要汇编》的第二版目前正在出版中。摘要编辑的案例包括 1832 年至今的所有加拿大省级、国家级法院以及加拿大上诉至英国枢密院的司法判决案例。1936 年前依照魁北克省民法典作出的判决摘要没有被编进去。

《全加拿大判例摘要》(All-Canada Digest)摘编了自 1910 年以来的加拿大案例。四个主要合订本囊括了 1910—1934 年的判例,一个综合性补充版囊括了自 1935 年至 1944 年的判例,其后都是出版年度合订本,直到 1961 年该《判例摘要》并入《加拿大法律摘要汇编》为止。此外还有两种加拿大判例摘要,例如每月出版的《加拿大现行法律摘要》(Canadian Current Law)月刊和以活页装订的《国家案例汇编便览》(Dominion Report Service),这两种摘要都是采摘新近发生的案例,甚至包括还没有被汇编编入的案例。

　　查找加拿大判例法的另外一个途径便是借助加拿大版加注的《全英案例汇编》(Canadian Annotations to the All England Reports)及《霍斯伯里英国法大全》中加拿大部分的加拿大指引。

　　加拿大还出版有自己的法律百科全书《加拿大百科全书摘要》(Canadian Encyclopedic Digest, C. E. D.),该全书分为两个系列。《加拿大百科全书摘要》安大略省版摘编了在安大略省及加拿大沿海省份现行有效的法律案例。《加拿大百科全书摘要》西部版则摘编了加拿大西部地区的法律案例。令人惊奇的是,尽管加拿大最高法院拥有受理加拿大全境上诉案件的最终判决权力,但上述两个系列摘要却是由同一家出版社出版的,不过编辑们对很多法律案例问题的处理却不尽相同。这两个系列目前出版了第二版及第三版。

第三节　爱　尔　兰

　　英国普通法在其到达英联邦其他国土部分之前,首先已在爱尔兰(Ireland)适用。因此爱尔兰的案例汇编包含大量的法律先例。19 世纪和 20 世纪的主要案例汇编如下所示:

　　　　Irish Law Reports, First Series (I. L. R.), 1838—1850.

　　　　Irish Equity Reports, First Series (I. Eq. R.), 1838—1850.

　　　　Irish Common Law Report, Second Series (I. C. L. R.), 1850—1866.

　　　　Irish Chancery Reports, Second Series (I. Ch. R.), 1850—1866.

　　　　Irish Reports, Common Law, Third Series (I. R. (vol.) C. L.), 1866—1878.

　　　　Irish Reports, Equity, Third Series (I. R. Eq.), 1866—1878.

　　　　Irish Reports, Registry Appeals in the Court of Exchequer Chamber and

Appeal in the court for Land Cases Reserved (I. R. R. & L.), 1868—1876.

　　Irish Law Reports, Fourth Series (I. R. or Ir. L. R.), 1878—1893.

　　Irish Reports ([year] I. R. or Ir. R.), 1894 to date.

　　Irish Law Times Reports (I. L. T. R.), 1867 to date.

　　Northern Ireland Law Reports ([year] N. I.), 1925 to date.

第六章　美国案例汇编

在美国,有联邦以及州两级法院体系。联邦法院体系是按照十一个地理区域进行组织的。其中之一是哥伦比亚特区,该区也是联邦首都所在地。其他区域则被称为巡回法院(Circuits Court)。每一个巡回法院以及哥伦比亚特区再被细分为若干区域(districts)。每一个区域都有一个初审法院。巡回上诉法院受理地区法院的上诉案件。美国最高法院是联邦最高法院,它拥有原始管辖权和上诉管辖权。美国所有州都为普通法系,不过路易斯安那州(Louisiana)因受到法国的影响而适用大陆法(Civil Laws)。美国最高法院可以审查或受理州法院判决案例的上诉。

任何人想要使用美国的案例材料都应该参考以下所列法律资料指南中的一种或几种:

Frederick C. Hicks, Materials and Methods of Legal Research, (3rd ed., Rochester N. Y., 1942).

Ervin H. Pollack, Fundamentals of Legal Research, (2nd ed., Brooklyn, N. Y., 1962).

Miles O. Price and Harry Bitner①, Effective Legal Research, Student Edition Revised, (Boston, 1962).

William R. Roalfe②, How to Find the Law and Legal Writing, (6th ed., St. Paul, Minn., 1965).

第一节　州案例汇编

几乎所有的美国州高级法院都有官方版案例汇编。它们以州的名字命名。在大的州,一些下级法院的判决也被汇编进官方案例汇编。西方出版公司(West Publishing Company)出版了一系列涵盖几个州判决的地区性案例汇编。出版公司的这一方式形成了"国家案例汇编体系"(National Re-

---

① Price 及 Bitner 的书为找寻法律资料最全面及完整的工具书。
② Pollack 及 Roalfe 的书主要针对初学法律者所写,有启发作用。

porter System)的一部分,汇编的案例始自 1880 年起,将大部分州高等法院和中级上诉法院的判决包括在内。地区性案例汇编列之如下:

Pacific Reporter (Alaska, Arizona, California, Colorado, Hawaii, Idaho, Kansas, Montana, New Mexico, Oklahoma, Oregon, Utah, Washington, Wyoming). 1st series, 1883—1931;2nd series, 1931 to date.

Northwestern Reporter (Iowa, Michigan, Minnesota, Nebraska, North Dakota, South Dakota, Wisconsin). 1st series, 1870—1940;2nd series, 1940 to date.

Southwestern Reporter (Arkansas, Kentucky, Missouri, Tennessee, Texas). 1st series, 1887—1928;2nd series, 1928 to date.

Northeastern Reporter (Illinois, Indiana, Massachusetts, New York, Ohio). 1st series, 1885—1938;2nd series, 1936 to date.

Atlantic Reporter (Connecticut, Delaware, District of Columbia, Maine, Maryland, New Hampshire, New Jersey, Pennsylvania, Rhode Island, Vermont). 1st series, 1885—1938; 2nd series, 1938 to date.

Southeastern Reporter (Georgia, North Carolina, South Carolina, Virginia, West Virginia). 1st series, 1887—1939;2nd series, 1939 to date.

Southern Reporter (Alabama, Florida, Louisiana, Mississippi). 1st series, 1887—1940; 2nd series, 1940 to date.

纽约州和加利福尼亚州还有两个额外的汇编为最受欢迎引用的系列:

California Reporter, 1960 to date. This covers decisions of lower Californian courts.

New York Supplement, 1st series, 1880—1938;2nd series, 1938 to date. This covers decisions of lower courts of record.

第二节　联邦案例汇编

美国最高法院判决的官方案例汇编系列为《美国最高法院案例汇编》(United States Supreme Court Reports),引用格式为"卷号 U. S. (volume number U. S.)",不过该系列的前 19 卷(1790—1874 年)都是具名案例汇编(nominate reports)。它们以其汇编者的名字进行引用,汇编者分别如下:

Dallas 1790—1800(4 v.)

Cranch 1801—1815(9 v.)

Wheaton 1816—1827(12 v.)

Peters 1828—1842(16 v.)

Howard 1843—1860(24 v.)

Black 1861—1862(2 v.)

Wallace 1863—1874(23 v.)

该系列汇编的续集是第91卷。

此外还有两个非官方的美国最高法院案例汇编系列。一为《美国最高法院案例汇编》(United States Supreme Court Reports),为"国家案例汇编体系"的一部分,时间起自1882年至今(共106卷,官方案例汇编的续篇)。其二为律师版的《最高法院案例汇编》(Lawyer's Edition, Supreme Court Reports),创始于1790年,涵盖自1790年以来的所有判决并附有评注,该汇编第二续集起自1956年至今。新近的最高法院判决被编进《美国最高法院现行判决》(United States Supreme Court Current Decisions)、《美国最高法院公报》(United States Supreme Court Bulletin)和《每周美国案例汇编》(United States Law Week)之中。

《联邦案例汇编》(Federal Reports)为"国家案例汇编体系"的另一个组成部分,编辑了下级联邦法院的判决案例。《联邦案例汇编》由两个系列组成:第一系列起自1880年至1924年;第二系列自1924年至今。第一系列和第二系列的前六卷包括了巡回上诉法院的判决以及经筛选的地方法院上诉案件。自1932年以后,筛选后的地方法院上诉案件被编入"国家案例汇编者体系"中的另外一部分中,该部分称为《联邦案例补遗版》(Federal Supplement)。美国西方出版公司收集了自1880年以前的联邦法院判决案例并将其结集出版,共三十卷,名为《联邦判例》(Federal Cases)。与联邦程序法规则有关的案例被汇编入《联邦程序案例汇编》(Federal Rules Decisions)之中。

第三节　案例汇编评注

美国判例法的一个重要资源便是"案例汇编评注体系"(Annotated Law Report System),它将各种精选的判例汇集在一起并对该判决所涉及的法律进行系统性的评介。案例汇编评注体系包括四个部分。在1919年创办的

《美国案例汇编评注》之前,你可能会从下面的汇编出版物中发现各种"评介"之间存在某种程度的重叠。

> Trinity Series
>> American Decisions 1760—1869
>> American Reports 1869—1887
>> American State Reports 1887—1911
>
> Annotate Cases
>> American and English Annotated Cases 1906—1918
>
> Lawyers' Reports, Annotated
>> 1st series 1888—1906
>> New series 1906—1914
>> Dated series (i. e. identified by date) 1915—1918
>
> American Law Reports, Annotated
>> 1st series 1919—1948
>> 2nd series (cited A. L. R. 2d) 1948—1965
>> 3rd series (cited A. L. R. 3d) 1965 to date

《美国案例汇编评注》第一系列中的案例评注被一本名为《蓝皮书》(Blue Books)的书加以补充。在《蓝皮书》中,补充评注需要记在 A. L. R. 的卷号和页号之下,其页号要参照原始评注页号。当大量额外案例增加时,新增的评注会被汇编从而补充原始的评注。新增累积评注用"星号"标示出来,且随后的评注都与新增累积评注相互联结在一起,而不是仅附有原始评注。《蓝皮书》现有四卷永久版,涵盖了直到 1967 年以来的案例。另外又出版有半年期的《蓝皮书补充服务版》对《蓝皮书》永久版加以补充。随后案例补充服务版、案例补充分析以及归类(Case Service,Supplemental Cases Analyzed and Classified)的出版是对 A. L. R. 的第二次补充,该"补充版"共有六卷,在每卷的背面封皮都附有一个"内封补充手册"。同《蓝皮书》一样,该补充评注版中也需记载于相关原始评注的卷号、页号和章号之下。如果摘编新增额外案例,且该案例所涉及的法律问题在原始版本中没有涉及时,可以记在新增章节和题目之下。

第四节　判例摘要

最主要的美国判例法摘要就是由西方出版公司出版的《美国判例摘要体系》(American Digest System)。它由很多部分组成,每一部分涵盖不同时期:

> Century Digest, 1685—1896 (50 v.)
>
> First Decennial Digest, 1896—1906 (25 v.)
>
> Second Decennial Digest, 1907—16 (24 v.)
>
> Third Decennial Digest, 1916—26 (29 v.)
>
> Fourth Decennial Digest, 1926—36 (34 v.)
>
> Fifth Decennial Digest, 1936—46 (52 v.)
>
> Sixth Decennial Digest, 1946—56 (36 v.)
>
> Current Service, General Digest, Third Series, 1956 to date. (This is published in bound volumes and monthly pamphlets.)

上述全部判例摘要所采用的分类方法为一"形式号码系统"(decennial digests)。该系统运作方式如下。法律包含许多主要部分:人(身份)、财产、契约、侵权、犯罪、法律救济以及政府等。每一个部分又被细分为以字母顺序排列的若干主题。每个主题下的法律点又被分别编号并被给予一个特定的形状标志如 key。其主题以及主要编号(key number)将会引导研究者查找到某一个特定法律点的所有相关案例。为了查找案例或某一法律问题,你还是需要在主题和"形式号码系统"的指引下查阅所有的判例摘要。第三套"一般判例摘要"(General Digest, Third Series)包含一个"主要页次"(key number)一览表,该一览表可以标示出"摘要中主要页次"在哪些卷中可以找到。不过如果要找寻资料,该一览表之后所出版的年度合订本和月刊需要逐本查阅。

当一个汇编案例成为"国家案例汇编体系"的一部分时,该案件的注介将会标出该案涉及所有法律争议点的主题和主要页次之所在。每一个装订卷都有自己的判例摘要。因此如果一个人在该系列的一卷中找到了相关案件,通过主题及主要页次的"形式号码系统",很可能在其他案例摘要中找到其他相似案例。

还有一些具有特定范围的判例摘要。大部分州立官方案例汇编都附有相关的判例摘要,这些判例摘要均成为"国家案例汇编体系"的一部分。《最高法院案例汇编》(Supreme Court Reporter)、《联邦案例汇编》(The Federal Reporter)和《联邦案例补遗》(The Federal Supplement)中汇编的联邦案例自 1939 年开始都被摘编入《西方当代联邦司法实践判例摘要》(West's Modern Federal Practice Digest)中。《律师版的最高法院案例汇编》(Lawyers' Edition, Supreme Court Reports)有自己的判例摘要。《美国案例汇编评注》第一套系列都有相关的汇编索引以便查用。

第五节　法律引用集

在美国,法律引用集(Citators)被用来罗列其后被司法援引的案例。不同的管辖权有不同的法律引用集,但是所有的法律引用集都被归入《谢泼德法律援引集》(Shepard's Citations)。每一个州的《谢泼德法律援引集》包含两部分内容,一为该州官方案例汇编所汇编的案例,另一个则是"国家案例汇编体系"所汇编的案例。前者只罗列该州法院以及联邦法院的案例援引情况,后者则罗列其他州法院的案例援引情况并包括制定法案例的援引情况。

《美国法律引用集》(United States Citations)记录了联邦和各州对最高法院判决、联邦立法案件、联邦宪法案件以及一些政府报告的援引情况。被援引的案例在《美国案例汇编》(United States Reports)中罗列,倘该案例没有被汇编进该系列时,应当在其他案例汇编中罗列出来。

想要有效使用《谢泼德法律援引集》还需要一些练习。某判例在被引用时,不仅要标出判例名称,还需标出其卷号和页号。该规则也同样适用于"引用案例"。一系列的简称被设计出来用以标明一个判件的历史情况,例如其在上诉中,维持原判或是撤销原判。又如该案在其后案例的援引情况是遵循(followed)、否定(overruled)、解释、批评或作区分等。在每一卷的开始都会以红颜色作区分,专列一章用以解释援引集如何使用以及简称的具体意义等。

第七章　美国法学网络及电子数据库之使用

第一节　前　　言

美国传统上被认为是一个不成文法的英美法系国家①,从英国殖民地时期开始即沿袭所谓案例法。19 世纪起,由于社会变迁等因素,成文法典化在美国亦逐渐重要,例如维系公平交易制度的《谢尔曼法》(The Sherman Act)的制订等即体现了案例与成文制定法(statutory law)的交互运用。政府相关机构为配合案例判决及成文法律的出台,均有一定的出版物将判决及法律予以搜录,而与法律出版相关的公司(例如西方出版公司 West Publishing Co.)亦出版了各种判决汇编。20 世纪 70 年代,计算机逐渐普遍使用,美国的法学数据库亦逐渐电子化。以收录新闻电子信息著称的 Nexis 随之扩大其经营范围,成立了 Lexis/Nexis 电子资料检索系统;之后跟进的西方出版公司旗下的 Westlaw 也开发了 Westlaw 电子数据库。两个法学电子资料检索系统为了吸引客户群,不断地改良及开发新的接口与功能。20 世纪 90 年代后期,网际网络开始盛行,前述两个系统也开始考虑突破性地开发网络接口,以期利用全球信息网(World Wide Web, WWW)得到进一步推展,并不断改良内部设计使法学资料检索与美国法学教育训练更紧密的结合。值此同时,其他的政府及民间网站也均利用网际网络的接口将法学相关信息放在网络平台,例如,为私人营运的一个法律入口网站(Portal)——FindLaw 网站,就将法学资源分门别类以符合各个不同的客群;另外,许多法律事务所亦针对其经营业务之专向,设置网站并利用电子报方式定期整理及寄送给订阅网友。本章除拟介绍 Westlaw 及 Lexis/Nexis 两个数据库检索之外,并拟简介 FindLaw 及其他与契约实务及科技发展有关的信息,提供网络资料检索之初学者在一般的搜寻引擎资料搜寻之外,一个简单的法学资料搜寻之指引参考。

---

① 相较于英美法系有 common law system 之称,欧陆法系被称为 civil law system。

第二节　Lexis/Nexis 数据库

第一款　简介

LexisNexis®是目前世界上为法律研究提供全文检索的最大在线服务系统之一。它始建于 1960 年,由美国俄亥俄州律师协会发起,该州的 DATA 公司负责技术开发。1966 年,LexisNexis™为美国空军研发出全球第一套全文检索系统,1968 年美国 MEAD 公司合并了 DATA 公司,成立了子公司"LEXIS-MEAD DATA 中心"。1973 年,LexisNexis™法学检索系统彻底改变了法学检索与分析的方式。最初,该资料库只涵盖俄亥俄州和纽约州两个州的州判例和相关的联邦判例及制定法。随着系统的不断改善,现在 Lexis.com®检索资料库可以全面提供美国判例全文,包括早期如 1700 年的部分判例;完整的联邦和各州的制定法;大量的联邦和州的行政法律规章;丰富的补充性法律文献资料,如法律百科全书、法律注释、700 多种法律期刊。Nexis.com®是 Lexis.com®的合作伙伴,它是全球最大的新闻和商业出版物全文资料库。除此之外,LexisNexis®检索资料库还提供有关金融、会计、数学及地缘政治等方面的全文资料。收录内容包括了全世界各大报章杂志、商业期刊、产业信息、财务资料、公共资料、法律文献,还有各大企业及其高级主管的介绍。如今,文件档案超过 45 亿笔,同时信息来源每年以 40% 的速度增加①。

第二款　LexisNexis Academic Universe

Lexis.com 目前提供的法学资料检索系统主要可以分为两种接口系统,一为 Academic Universe 系统,一为 Lexis.com 接口。Academic Universe 的检索功能较为简单,包括了法学、医学、商学及相关信息(reference)部分。(1) 在法学方面,主要是提供使用者,搜集美国联邦与州及加拿大及欧盟的案例、美国联邦及各州法规(含行政规则) 以及美国的法学期刊或法学评论(law review)。(2) 在医学方面,当登入 LexisNexis Academic 数据库的 Medi-

---

① 除了线上的法律数据库内容,LexisNexis™旗下的法学出版社,例如英联邦与亚太地区的 Butterworths 出版社、法国的 Les Editions du Juris-Classeur 出版社以及世界性的法学出版社 Martindale-Hubbell®与 Matthew Bender®也同时提供全面的法律领域的专门著作与光盘产品。对于 LexisNexis™ at www.lexis.com 的客户,除可以购买已经数字化的数据库内容,也可以用优惠的折扣购买这些出版社的纸本或光盘产品。

cal 部分时,将有 Medical News、Medical Journals 与 Abstracts 三个主要的分类。Medical News 可查询 Academic 数据库中各种医药与公共卫生相关之新闻资料。Medical Journals 可查询 Academic 数据库中医药与健康类期刊之文章。Abstracts 可查询美国国家图书馆 Medline® 数据库中医学相关文献之摘要。(3)在商学数据库方面,可以查询美国上市公司财务状况资料①,公司评鉴评比②,美国证管会资料、年报及季报③,全球产业及市场信息,会计相关期刊及文献,全球贸易展览及相关信息等。(4)在相关信息部分,数据库包括 Biographical Information、Country Profiles、Polls & Surveys、Quotations、State Profiles 与 World Almanacs 六个主要的分类④。

第三款　www. lexis. com

在全版的 www. lexis. com 中,除了 Academic Universe 的数据库及功能外,法律类资料包含:(1)美国的法律资料,包括国会法案(最新立法信息与历史资料)、法律、裁判(包括行政司法决定)、行政命令、公共纪录、专利资料⑤、法学论著、法学期刊(超过 700 种)以及法律新闻。(2)欧盟与其他国

---

①　公司财务资料反映出企业整体营运的状况,使用者可以键入公司名称或 SIC 代码,即可轻易获得大量精准的数据及各项指针,作为研究及分析的重要参考之依据。Source List 中有多种不同的资料来源,囊括标准普尔、年报、破产资料等。

②　公司比较方面可以用(1)Sales(营业额),以下拉式选单选择标的营业额或键入营业额范围;(2)Net Income(净收入),以下拉式选单选择标的净收入或键入营业额范围;(3)Employees(员工人数),设定员工人数;(4)Location(位置),企业所在地,可以随意键入州、城市或国家名称,例如 Boston, Cambridge。

③　包括 SEC 10-K Reports — Annual reports filed 90 days after the end of a company's fiscal year. SEC 10-Q Reports — Quarterly report filed for each of the first three quarters of a company's fiscal year. SEC 8-K Reports — A report of unscheduled material events or corporate changes deemed of importance to shareholders or to the SEC. SEC 20-F Reports — Filed annually by most foreign issuers six months after the end of their fiscal year. SEC Annual Reports to Shareholders — The principal document used by major corporations to communicate directly with their shareholders. SEC Filings — Proxy Statements — Proxy statements provide official notification to a company's shareholders of matters to be voted upon at the company's annual meeting. SEC Filings — Prospectuses: A document that must be made available to investors before the sale of any security is initiated. SEC Filings — Registration Statements: These are used to register securities before they are offered to investors and permit trading among investors. SEC Filings — Williams Act Filings: Forms which are submitted to provide disclosure for the purchase, by direct acquisition or tender offer, of substantial blocks of the securities of publicly held companies.

④　Biographical Information 中有名人、政治人物、商业大亨的生平资料。Country Profiles 中可查询资料库中世界各国的基本档案。Polls & Surveys 中可检索如 Gallup, Harris, Roper; ABC, CBS, CNN and NBC 等等媒体所进行过之民调信息。Quotations 是有关名人语录。State Profiles 里有美国 50 个州的人文、地理、水文、人口组成、历史沿革等介绍。World Almanac 则是世界各国的年鉴。

⑤　专利检索项目搜集美国自 1971 年以来的专利全文资料,但不包含图案部分。输入的关键词可以是该专利的名称、专利拥有者姓名、专利号码或任意字,填好关键词后,必须选择对应之搜寻范围,接着设定日期与专利形式(patent type)。

际组织的法律资料,包括欧盟与其他国际组织的条约与协议、裁判、法律与命令、专利资料、评论与专门著作、新闻、国际仲裁决定以及各国遵行欧盟决议的政策与立法信息。(3) 其他国家的法律资料,除美国以外,更包括以下二十多个国家或地区之法令、法案、案例、国际公约等法律相关资料:英国、德国、法国、日本(包含专利资料)、爱尔兰、意大利、阿根廷、澳大利亚、文莱、加拿大、中国与中国香港、英格兰与威尔士、欧盟、匈牙利、以色列、马来西亚、墨西哥、新西兰、北爱尔兰、菲律宾、俄罗斯、苏格兰、新加坡、南非。(4) 中国内地法律资料。为服务关注中国内地法制发展的人士,LexisNexis™与中国北京大学合作,提供中国内地法律资料的全文检索服务——ChinaLawInfo。(5) 中文搜寻(开发中):Wiser. com 是由 LexisNexis™的合作伙伴慧科咨询公司提供,与 LexisNexis™系统完全整合,成为 LexisNexis™的中文数据库。通过 Wiser™可以快速进入 560 多家中文信息源,随时掌握大中国区的信息命脉。Wiser. com 的信息源概况如下:中国内地 277 家媒体(全国性以及区域性报刊杂志)、中国香港/澳门 67 家报刊杂志、中国台湾地区 54 家报刊杂志及其他地区 221 家不同媒体。(6) 最新版的 Lexis. com 目前还提供了 Web2. 0 的设计产物,可以借此搜集到相关的部落格(blog)信息。

第四款　搜寻技巧

1. 关键词指令及案例搜寻指令

　　传统的关键词搜寻是结合了布尔搜寻技术(Boolean Search),即是一种利用布尔逻辑参数运算(利用 Title, Author, Date 及 NOT、AND、OR 等的组合)在数据库中进行搜索的一种方式。此种搜寻方式所要注意的是其中的"/"技巧的运用。一般初学者仅是会如同搜寻引擎 google 中找资料一样键入关键词,但是没有注意在关键字词间适当地利用"/"来作限缩,其结果会产生全文中只要出现该搜寻关键字词的所有数据都会出现。为求限缩正确,例如"law/3 air",即表示要求搜寻结果中 law 跟 air 两字间隔必须在三个字以内。这种限缩方式还可以结合作者或标题等等功能限定来准确检索所需要的资料。除了传统关键词检索(Terms and Connectors)外,Lexis 近两年也像 Westlaw 一般开发了所谓自然语(natural language)搜寻,就是利用计算机同义字功能检索,将搜寻者下的关键字词作进一步的扩大分析搜寻。

　　案例搜寻指令方面,可以用案例的引注格式(Citation)来搜寻,亦可用当事人的名字进行搜寻。此项功能亦可以适用在搜寻法学期刊评论方面,不过必须是在搜寻者对于 Citation 的格式非常清楚的情况下,因为 Lexis 的系统功能设定上比较不具弹性,所以如果未依照 Citation Format 中的格式,较难获得搜寻结果。

2. 特殊功能服务

(1) Search Advisor®。以特定法律领域或相关法律主题为基础,将不同法律领域分门别类,可依不同的法律主题分别作搜寻法律资料的工具。

(2) Case Summaries。简明的案例分析,此为 LexisNexis™ 独家所有,包括:Procedural Posture 简要介绍案例系属该法院前的历史;Overview 提供该法院对案例中所提及的法律争点所持态度之概要;Outcome 提供法院对该案例所为之决定。

(3) LexisNexis™ Headnotes。LexisNexis™ Headnotes 提供关键的法律内容摘要,由聘雇之律师编辑,直接由案例全文中所挑选出的重要法律争点,系直接由法官用语引出,减少误解的产生。由于 LexisNexis Headnotes 已加上编号并链接至其于该判决之出处,可以轻易综观判决全文,省却不必要的时间花费。通常在判决 24 小时后便可以在 Lexis.com 判决搜寻中取得最新的 LexisNexis Headnotes。

(4) Core terms。直接从案例本文引出法规与事实来帮助快速决定其关联性。由计算机针对案例全文中最常论及的字词挑选出的关键词,可作为 segment 加以搜寻。

(5) Focus®。在搜寻结果中附加搜寻的条件以限缩搜寻结果,并且允许对原有搜寻条件与结果执行不同的 FOCUS 搜寻要求。

(6) Eclipse® 及 ALERT 功能。针对键入者所选的特定标题/数据库,(每天、每周、每月)将自动 e-mail 或线上提醒您最新的相关新闻①。ALERT 自动更新功能,提供让订户不断了解研究题目最新进展的电子剪报服务。只需设定 Alert 功能,Lexis.com® 即会定期对客户设定的检索策略进行自动检索,获取每日、每工作日、每周或每月的最新资料,并发送至设定的电子邮件信箱。

(7) Shepard's® Citations Service。Shepard's Citations Service 提供完整的评价与历史分析以验证该案例的状态,同时实时地全面列出所有引用该案例作为依据的判决。Shepard's 涵盖了联邦/州的判例与法规资料,Regulations 包含 CFR(Code of Federal Regulation)、美国与各州的宪法条款,Court

---

① 本功能限有单独账号及密码之使用者使用。

rules 包含 Federal Rules、法学期刊论文、个别的美国专利、加拿大的判例等。

3. 学术使用秘诀

（1）由于 Lexis 的新闻数据库资料丰富,在做学术研究时,如能配合专属的个人账号密码时,将可以预先设定搜寻条件,由 Eclipse® 功能可以每天或每周固定寄送新资料提醒(Westlaw 在新闻组群资料方面的搜录比较少,而且在未升级前属于加值服务而不允许一般学生使用该分类数据库)。

（2）Lexis 的商学资料中有关美国上市公司相关信息及各国信息,皆对于商事及证券交易法研究有所帮助。

（3）针对法学数据库方面,该检索系统近年来大量搜集法学的 Secondary Resources(次要参考资料,指对判决研究具有影响力的参考资料),例如 Matthew Bender® 出了一系列的法学理论分析的书,包括契约法及侵权行为法等,现在 Lexis 的分类数据库中均可搜寻到。

（4）由于 Lexis 的编排方式是采页尾注的方式编排,所以通常在学术论文期刊检索时,每一个注的符号之后就紧接该注释内容(反之,Westlaw 是采文末注的方式编排),对于学术引用引注时可能会较为方便(不过 Westlaw 现利用超链接方式点选也可以直接连到各个注释的内容)。

（5）美国法学院学生使用单一的账号版,Lexis 从 1998 年起开始将其数据库与坊间的电子教科书相互结合,所以学生可以将电子教科书或是任课教师的电子讲义与线上数据库做结合,制作成自己的电子笔记。美国法学院的法律写作课程(Legal Writing)也与电子数据库整合,使得授课教师可以鼓励学生多利用电子数据库以练习自己的法律英文写作。

第三节　WestLaw 数据库

第一款　简介

Westlaw International 为 Thomson Legal & Regulatory(TLR)在线国际性法律资源。在美国法律界极具领导品牌的 Westlaw,结合专业内容及法律专用的搜寻引擎,让专业法律研究人员及法制单位专家等可以迅速地取得相关的项目实例、法令规章与专业文件等相关资料。

第二款　优势

Westlaw International 在既有的法律相关出版物整合下,对于司法、立法、行政及学术出版物均可利用其特殊的编排识别(Digest)与电子数据库连接。该数据库涵盖各式的法律法规资料,特别是能提供法律判决、立法法案、法律审查、条约协议及经过系统化整理之专门议题与司法审判之指南。其 Headnotes 的标示也提供了专业律师撰写的判例批注及法规注释。Westlaw Key Number & Digest System 的功能结合了美国国家通报者系统(National Reporter System)所报导的一部分(包括联邦及各州郡)。KeyCite 提供判决、尚未通过的法案及专利等多项相互引用功能。而 My Westlaw 的设计提供个人化主题的检索模块(Tab)及法案追踪 Alert 功能。

就英美法系国家或地区区域资料汇整上的美国资料部分,Westlaw 收录的资料包括美国联邦法与各州的法律,并提供法律案例的全文资料、案例法、专论与最新的"My Westlaw",或可选择相关主题浏览,包括:银行业、破产、保险业、证券投资等。在英国资料部分,包括了威尔士与英格兰地区的议会报告;英联邦的军事巩固法案,以及 Sweet & Maxwell 所出版的英国法律及 Sweet & Maxwell 的法律判决与立法案,并附加引证案例的参考文献、次要参考资料以及与案例相关的对照资料。在欧盟资料方面,涵盖了完整的欧盟地区的法律资源,权威内容如:Sweet & Maxwel、Ellis Publications 等专业的欧盟法律资料。其中包括:条约协议、立法与立法提案、案例法、国际性合约、CELEX, Official Journal L and C Series 及经整理之重要的欧洲法院报告等。加拿大资料则包括加拿大联邦和各省的判例的法律报告(Carswell)及加拿大各项目主题系列之法律报告;中国香港的资料包括:香港诉讼案例的摘要(1985 +)、香港法院之诉讼案例的全文报告及香港法律草案之新知通告服务(1999 +);另外澳大利亚方面亦包括相关的法律法规及期刊文献等。在法学期刊部分,Westlaw 搜录了 750 种以上英美及欧盟的法学期刊与评论。在法学工具相关资料部分,该数据库也提供布莱克法律辞典(Black's Law Dictionary)、合约模板(Forms)、专论(Treatise)、Practice Guides。至于新闻信息方面,由于必须透过 Dialog 功能,所以一般学术单位使用者在未升级版本前恐无法使用。以下针对该数据库优势提出分析:

(1) 检索模块客制化分类

Westlaw 的页面为求客制化,提供了以下模块供不同专业课群使用:Law School Classic(美国判例法规及期刊文献)①、International IP(国际智能财产权文献)[①]、UK and Commonwealth(全球判例法规资料)、World Journals Law Review(全球法学期刊文献)[②]、Westlaw International(资料库名录)、European Union(欧盟法律资料,包括欧盟法律、法学评论及期刊文献)。

（2）检索方式多元化功能

Westlaw International 在检索功能上除了利用布尔关键检索之外,亦开发了自然语言(natural language)的检索方式。一般初学使用者对于布尔检索往往比较不易找到合适的文件,尤其是在法学期刊论文方面的检索或是判决的检索,但是如果透过自然语言功能,使用者可以将设定问题利用一般英文的自然说法键入一组句子,计算机会自动搜寻所有的数据库资料并将最合适或该组句子中关键字词出现比率最频繁的文章或判决列出。在 2004 年前,该功能可以显示最接近的 20 到 40 笔资料,自 2006 年起,Westlaw International 已无有限篇数的限制。另外,在新版的接口上,Westlaw International 也增加一个限定特定字汇(Required/Excluded Terms)的检索功能,以加速检索使用者的方便性。

第三款　搜寻技巧

布尔检索需配合一定指令的熟悉,例如,特殊符号中"or 或是空格"代表其中一个关键词会出现在文件中;而"and"则代表各关键词都会出现在同一份文件中;"/s"代表各关键词都会出现在同一句子中;"/p"代表各关键词都会出现在同一段落中;"/n(n 为数字)"代表各关键词间的间隔在 n 个字以内;"XX"表示 XX 为一个复合关键词(例如"digital signature")。另外可以利用字尾变化符号"!",例如 contribut! 表示检索可以包括 contribution、contributory、contributor、contributing 等等。缺字符号" * "的利用则可以用于时态变化的关键词,例如"gr * w"包括的关键词可能为 grow, grew 等。

第四款　学术使用秘诀

（1） Westlaw International 的"FIND"功能类似于 Lexis. com 的"Get a Document",可以在使用者知道搜寻文件的 Citation 时,直接键入 Citation 而找到文件。由于 Westlaw 直接将该功能置于页面的左上方第一栏,在操作上较 Lexis. com 为便利。

---

①　包括美国专利、专利诉讼/状态(Derwent LitAlert / Patent Status)、专利相关文献,美国、英国、欧盟的专利案例及法律资料。

②　包括美国、澳大利亚、加拿大、欧盟、新西兰、新加坡、英国以及中国香港等法学评论及期刊。

（2）在左边接口的第三个快速指引栏，可以直接键入分类数据库的缩写，快速进行检索。一般键入"allcases"即可搜寻美国联邦及各州的所有判决；键入"jlr"则表示进入搜寻所有的法学期刊及论文，并包括 CLE（Continuing Legal Education）①的资料。

（3）判决史程分析图标：Westlaw 在每一个法规或判决页面的左边框架，都会出现一个 Graphic Chart 的超链接，使用者点选后可以清楚了解该判决或法规的发展史程，并配合 KeyCite® 功能，正确引注并了解该判决或法规被引用的程度②。

第四节　FindLaw 等网站

FndLaw 网站的资源可以算是美国法律网站中搜集资料最广的一个入口网站，对于实时线上法律相关新闻、各专业分类领域的发展及理论、专业分工律师执业等功能均有不错的内容。该网站设有电子报订阅功能，网友可以选定所需信息后进行电子报订阅。另值得一提的是该网站中有一个子网站，对于英美契约实务提供不错的信息：http://contracts. corporate. find-law. com。这个子网站是以执业相关领域及产业作为分类标准，并将各产业相关理论及新的文献探讨予以超链接显示，并可利用关键词搜寻方式找到近年来各著名大企业的合约模板（Sample Business Contracts）。这些合约模板对于从事涉外业务的商务律师而言，可以有效地提供参考运用。

除了 FindLaw 网站以外，许多跨国大律师事务所的分类网页有时亦可提供一个不错的获取专门研究领域信息的资源。以国际通商法律事务所（Baker & McKenzie）为例，对于电子商务及其他新兴领域就提供了一个不错的网页（Law in Context）③，并由其全球各分所的律师团队分工负责，每周定期针对各国最新发展提供动态报导。虽然该网站内容是以提供给该事务所客户及网页付费会员使用为主，但一般网友可以单纯订阅电子报，再由其每周提供的内容中搭配上述其他的数据库及资料检索方式进行深层检索。

---

① CLE 的资料通常是将最近最新的议题，利用研讨会或是专题研究的方式予以编纂。对于快速了解新兴领域案例及理论发展深具价值。

② 被引用的程度是以绿色星号表示，从一颗星到四颗星，四颗星表示最常引用。

③ Law in Context, https://www. lawincontext. com/linxdev/moreinfo. aspx。该网站单一会员收费为年费 295 美金。

第五节　结　　论

　　法学数据库的检索对于英美法及国际法领域的法学研究者确实提供了许多方便之道,然而个中技巧仍有赖于使用者自身不断练习及经验的累积,才能在最短的时间内得到最有效率的检索成果。

第八章　美国法律的演进及现状[*]

第六章介绍了美国案例汇编的有关内容,大家都知道美国为接受英国普通法制度立国的国家,行之二百余年,建立了完善的法律制度,特别是第二次世界大战(1945年)后,美国成为世界超强国家之一,它的成就因素很多,但美国今日完善的法律制度及法治精神为其成为超强国的重要因素。

笔者于数年前曾阅读过 Lawrence M. Friedman 教授于2002年所著的一本书《Law in America》,从该书中似乎看到何以美国今日会成为一个现代化法治国家的理由。

一个完整与现代化法治国家的形成及建立,不是一蹴而就的,它必须经过漫长的演进、酝酿与成长而逐渐形成。特别重要的一点是在法治建立的过程中,必须有不同时代的明理人士及法律工作维护者对法治重要的坚持,同时具有前瞻性的眼光,预见国家经济及社会未来发展需要而作未雨绸缪前展性的因应法律案件的判决,或因应经济、社会及人口增加的需要而制定不同时期的法规加以规范,从一百余年的美国法律演进历史中,我们看到一个现代化法治国家其法治建立的种种演变情形,其中很多法律的演变具有重大启发性,也对一些追求现代化的法治国家具有某种程度的示范作用。

本章的目的是想从美国接受英国普通法后的法律演进过程中得到启发或借鉴。同时从美国过去法律演进变化过程中,预见美国法律在21世纪的可能发展及展望。

法律乃集体通过一个政府的运作行为(Law is, above all, collective action: action through and by a government)。美国法是继受英国而来,也就是继受英国普通法(Common Law)而来。经过一二百年的演变及运作,目前的美国法律制度与英国目前的法律制度已有若干不同之处,本章不拟讨论英、美法律的差异性,主要在介绍及讨论美国法律制度过去二百余年的演进及发展情况,以及目前的现状。特别是美国法制文化(American legal culture)的特质。

大陆法乃以法典及其条文为主,英、美国家的普通法是以案例由法官判

＊　本章内容曾发表在《山西大学学报》第129期第30卷(2007年5月),第199—212页。

决为主的造法而形成的判例法,大陆法与普通法的差异极大,但由于世界趋向全球化,两大法系的互相观摩及了解使法律在适用上逐渐走向全球化的趋势(legal practice is globalizing)。实际上,实行普通法的国家,在 20 世纪中,将其各类判例整理后亦大量予以法典化了(codify)。英、美国家立法机关大量立法的结果,使其法律条文汇编充斥于其案头。特别是美国联邦政府在法治中的角色不断的成长及扩充,制定出适用于联邦法院及各州法院的法律,如社会福利法(Social Security Act)、所得税法(The Internal Revenue Code)、环境保护法(Environmental Protection Laws)、反歧视法(Antidiscrimination Laws)、反托拉斯法(Antitrust Laws)等,由联邦法庭处理,其他不计其数的案件由州政府制定适用于各州的法律由各州法院审理。

美国法制文化的特色之一是美国的司法复查(judicial review)。美国联邦宪法制定于 18 世纪,制定以来即赋予美国最高法院对联邦以及各级政府之施政是否符合美国宪法的标准有复核权。换言之,联邦及各级州政府在执政的过程中,是否有不当或违反宪法规定,如有这种情形,则最高法院可宣布其行为违宪而不生效力。例如美国最高法院告知州政府,学校中不得使黑白人种学生分开授课或教学,美国总统杜鲁门基于紧急状况下宣布接管美国钢铁公司是违宪,以及美国国会对于某些特定法案的立法是否越权等 [①]。而美国法制文化的另一特色是美国人注重自己权利的感觉(rights conscious)比其他人如意大利人、英国人或日本人都要强烈。因此,美国的损害赔偿官司以及其他纠纷的诉讼均比任何其他国家要多得多。

虽如此,法律乃社会的产物,当社会发生改变或变更时,法律制度也会慢慢的随着改变,就如同分隔两岸的人们造一座桥一样,桥一旦造好通行,两岸人们的生活方式、行为模式也将随着改变。美国法律就是美国社会的桥梁。

第一节 殖民时期的美国法律

17 世纪殖民时期的美国法律,大部分追随英国法律而来,同时亦有一种自发性、基督徒式的耕种型美国自治法律。因为英国早期对美国殖民地缺乏规范治理,特别是美国南方各州,发展出一种农奴制度(slavery system),在当时由于南方各州需要大量劳工来耕种,于是出现了大量签有契约

[①] *Marbury v. Madison*, 1 Cranch (5 U. S.) 137 (1803).

的白人劳工之契约工(indentured servants)以及从非洲引进黑人的奴工①。

第一款　农奴法律

英国没有奴工法律,美国的农奴法律实际上是因应需要而逐渐演进的结果。特别是美国南方各州需要大量劳工来耕作农地。如果我们追究奴工起源的话,美国虽继受英国法而来,但英国并无奴工法或奴工制度。那美国的奴工法及其制度又从何而来? 根据奴工历史的演进来看,在 16 世纪殖民地时代,葡萄牙及西班牙已经存在奴工,同时在西印度群岛(West Indies)因种植蔗糖而发展出奴工,公元 1627 年在巴巴多斯(Barbados)第一次带进 10 名奴工,1636 年在巴比多已在谈论终身奴工(slaves for life)的问题。美国最早的黑人劳工在 1619 年出现在弗吉尼亚(Virginia)州,1640 年时有证据显示出现合法黑人奴工情形(legal states of slavery)。至 17 世纪中叶,南方各州散见各类黑人奴工终身不得享有自由的规定。白人的劳工并非奴工,签有合作契约规定工作期限,期满后得享个人自由。但黑人奴工则均由非洲进口,人地生疏,没有个人自由,终身为主人的奴工②。

在弗吉尼亚州内 1649 年时黑人奴工只占全州人口的 2%,但在一百年后(1750 年),黑人奴工占全州人口的 40%。弗吉尼亚州等其他南方有奴工情形的州政府乃制定奴工法律(Slave Law)来处理一切有关奴工的问题。直至南北战争后,农奴问题才得到解决。而至于土地的分配,美国因为新大陆,需大量人力开拓,除联邦及州政府拥有土地外,其余均由一般人民持有。美国私人持有大量土地开发的结果,亦影响了其形成法律制度及风俗人情不同的普通法,而不同于英国的某些判例。

第二款　19 世纪的经济与法律

美国 19 世纪的法律思想是自由放任主义 (laissez-faire),即政府干涉愈少愈好的市场经济(free market)。由于这一思想,美国在 19 世纪的发展空前成功,政府对各种经济活动立于推展立场 (promotional),制定法律来支持经济发展。因而产生了一个基本要件,为达此目的,政府必须提供:一个可

---

① 劳工在工作期间届满前,不得离开,结婚要得到雇主的同意,雇主亦可将其转卖。一旦工作期满,劳工可自由离开,此时雇主必须提供劳工衣服、鞋子、帽子等日用品及 50 亩耕地使其生活。参见 Maryland Law of 1640。

② 美国印第安人曾一度被美国早期人士视为奴隶,但由于与印第安人的战争,同时印第安人熟悉美国地理环境,逃跑甚易,因此,美国终究无法将印第安人视为奴隶加以使用。

适任的法律制度（a functioning court system），保护个人财产（protection of property rights）及创设各种公共建设（creation of infrastructure），以满足人们的各种经济发展及生活所需。在这一段经济发展时期，社会趋势及政府态度均倾向资本家，亦就是偏向对经济发展、生活水准提高及改善社会整体利益的经济计划及建设而支持或倾向支持利众政策。

在此特别要谈一下 19 世纪发展中的侵权行为法中的疏失（negligence）责任发展问题。美国在当时一切以经济发展为前提下，疏失侵权责任受到约束，特别是在美国建造铁路时期，对铁路公司所造成的侵权损害采取严格的责任主义（absolute liability），即被害人必须提出证据证明他的受害是由被告铁路公司行为所直接造成方可成立。一切证明事项均须由原告负责提供，如原告无法提出证明时，则被告不负任何赔偿责任。

在 1842 年 *Farwell v. Boston & Worcester Railroad Co.* ①一案中，铁路公司在马塞诸塞州一个火车调度站的原告 Farwell 因该公司另一职员调度火车时的过失，被压断手而造成重伤害。此一伤害的造成显系该公司另一职员的疏失，故原告向公司提出诉讼要求赔偿，原告所提诉状的主要理由是造成原告受伤的职工是该公司的职员，属于负责人及代理人间的关系，代理人的过失即为负责人的过失，因此负责人必须负担赔偿责任。此一诉讼看起来有些道理，但本案主审法官 Lemuel Shao 并不采用负责人及代理人间关系的说辞，因原告及造成其受伤的另一职工均由同一公司雇用，为同一公司同事。因此本案法官判原告败诉，称：一个公司的受雇人（employee）不能控告雇用人（employer），倘其受伤是同公司另一受雇人（employee）所造成的伤害（negligence of a fellow employee）。此亦称为工人同事原则（Fellow Servant Rule）。由这一判例可以看出当时法界是如何以企业发展为主的判决趋势，而当时的口号是一切为进步（progress），企业在发展过程中，不能被诉讼所拖累，因此有所谓："你炒蛋时不能不打破鸡蛋吧！"（You can't make an omelet without breaking eggs.）为社会整体进步而付出的代价也。

美国在对英国独立革命及南北内战（Civil War）时为对商业及工业发展等项的兴盛期，由州政府议会通过公司注册会章（charter）而成立的交通建设公司、运输公司、自来水公司、铁路建设公司、桥梁建设公司等，从事大量基础建设活动。每一公司必须依照州议会通过的业务内容从事商业活动，否则即为越权（ultra-vires），为非法营业。不像今日美国成立公司不必

再由州议会批准通过。

1785 年马塞诸塞州议会通过一个会章,授权一批商人在 Charles 河上建造一座收费通行桥,以方便两岸人们来往通行。此桥建好后,收入颇丰。由于人口增加,商业发展需要,马塞诸塞州政府于 1825 年即四十余年后,通过由另一家公司在上述收费桥不远处建造另一座为期六年的收费桥,此桥建成后收费六年即归为公有。于是在 Charles 河上原先建成的第一座收费桥收入大受影响,而影响到原投资人的利益,于是该桥投资人向当地法院提出诉讼阻止建造第二座桥,此案在各级法院诉讼很久,不得要领,最后打到美国的最高法院。美国最高法院第一次审理是在 1831 年的 3 月,法官们不能取得一致意见,但同意最高法院继续审理本案。1833 年法院同意重开辩论,而在 1835 年 7 月,首席大法官 John Marshall 及另一法官同时去世,另有一法官辞职,使此案再被搁置,直到 1837 年新的首席大法官 Roger Brooke Taney 就职时再度开审而作成判决。在判决本案时,第二座桥早已通行超过六年而变为公有,而第一座桥实际上已无价值可言。本案首席大法官在其判决书中指明,第一座桥的授权章程中看不出州政府授予第一座桥的建造及投资人的独占权而排除其他投资人的造桥活动,同时他特别赞扬时代在科学、现代化及人类要求进步方面的进展,从而老的方式、老的授权必须退让给新的事务而不能阻却社会的进展及进步(Old ways, old franchises, had to give way to the new)。政府及社会应着重企业对人类造福的前瞻性贡献(forward-looking enterprise)。此案以判决原告败诉而结案。社会整体利益及进步必然超过个人或某一团体的自身利益。法律的功能必然如此,否则法律将会变成社会或国家进步的绊脚石。

第三款　美国宪法保障契约权利

美国宪法中规定,任何州不得通过影响或干涉私人契约中权利与义务行使行为的法律(impairing the obligation of a contract)。换言之,契约自由(freedom on contract)原则及国民当事人间的契约权利义务必须受到尊重及执行。在 *Fletcher v. Peck*[①]一案中,可说明此点的重大意义。本案佐治亚(Georgia)州在 1794 年出售 3500 万亩土地予某公司。为了取得该批土地及降低售价,购买公司使用各种手段贿赂州政府议会的每一议员而将土地压至不合理价钱售出。数年后,州议会改选,新的当选人立刻在议会通过立法

---

① *Fletcher v. Peck*, 6 Cranch (10 U. S.) 87 (1810).

取消上届议会因受贿赂而售出的贱价土地买卖,并要取回土地。在此同时,该批土地中的一部分已被公司转售予不知情的第三者,如被取消,对善良第三者构成不公。美国最高法院判决指出州政府议会无权立法阻止上述土地的销售行为,也无权妨害(impair)此一因牵连无过失的善意第三人在内契约中的权利。此一判决后经过 19 年,在 *Dartmouth College v. Woodward* 一案中①,美国最高法院对这方面的法律关系作了进一步的阐明。本案事实乃指 Dartmouth 学院于 1769 年在新罕布什尔州(New Hampshire)议会颁发之特许证而成立。在 1816 年,州政府及议会因政治原因不满该学院的经营方式,而在州议会中强行通过立法改变原颁给设立该学院的特许状,将原学院董事(trustee)逐出,原董事于是提起诉讼主张权利受损。本案打到美国最高法院,美国最高法院首席大法官 John Marshall 判决新罕布什尔州政府及议会无权片面更改原颁给该学院特许状的内容,同时指出,州政府议会通过颁给该学院成立的特许状为州政府与该学院间的一项契约(contract),日后州政府及州议会无权单方面更改。由上面二案,可见在这段期间,美国政府及司法提供一个适当保护企业运作的环境可达到何种程度。

第二节　种族及家事法

家事法(Family Law)系指婚姻、离婚、夫妻间财产、子女收养、继承等问题的法律。美国家事法在 19 世纪前非常保守,以男性父权为尊。直到 19 世纪后,因美国经济及社会的极大变动,家事法亦发生了重大的改革及修改。

在美国家事法发展过程中,子女收养一直是一个令人困扰的问题。在 19 世纪中美国才正式承认法律上的收养(legal adoption)。在普通法中无子女收养方面的规范,"子女"也是指有血缘关系的亲生子女,其余则不在此列。美国第一次承认法律上收养的法律为各州政府通过实行的私行为条例(Private Acts)。例如在 1844 年密西西比(Mississippi)州条例中明白规定收养的子女在法律上如同亲生子女,有财产继承权以及收养时子女姓氏如何冠用等。在 1851 年马塞诸塞州通过一项普遍通用的收养条例(A General Adoption Statute)。在该条例中,规定收养子女的申请及核准等手续均由当

---

① *Dartmouth College v. Woodward*, 4 Wheat. (17 U. S.) 518 (1819).

地法院受理及核准,收养的子女有完全的财产继承权等,马塞诸塞州这项收养子女条例日后由美国各州仿效。美国收养子女立法的目的主要在于解决父母死亡的子女由祖父母、姑、姨或亲戚等人抚养,此等人的财产特别是土地等的继承为一重大事务,为求社会安定及保障逝世者的权利,子女收养条例乃必要的立法,以解决当时的社会矛盾。

其次谈到家事法中的离婚(divorce)。离婚在英、美两国当时为一重大事件,通常社会上不喜欢看到夫妻离婚事情的发生,例如英国有名 Henry VIII 离婚事件吵得天下皆知,而在 1844 年早期美国南方少数州政府规定,一对夫妻要离婚时,必须得到州议会给予离婚许可(grant a divorce)方可生效。稍后由于社会发展、人口增加,离婚事件不断发生及增加,于是每州在离婚条例中明白规定何种事项发生可合乎离婚条例而离婚,例如夫妻间一方有通奸、恶意离弃、家庭暴力行为等。法条中虽然规定非常严格的条件,但夫妻间一旦无感情,不想生活在一起而硬性规定为夫妻,则毫无意义,于是在此期间发展出双重离婚制度(dual system),即一方面法律上规定严格的离婚事项,另外夫妻双方当事人亦发展出自愿离婚(consensual divorce)、共谋离婚(collusion)等来规避法条上的严格规定以达到实际离婚目的。1870 年后,美国人离婚大部分系共谋离婚。而共谋离婚的方式在美国各州亦各有不同的方法。例如美国纽约州当时仅承认夫妻间的离婚方式中,唯一成立者为夫妻间的一方有通奸行为(adultery)。为了达到离婚目的,当时发展出一种手段低劣的所谓软式通奸(soft-core adultery)离婚方式。其方式为男方到一间旅馆登记住宿,进房后将身上大部分衣服脱去,随即有一位女士进入房间,同样脱去大部分衣服,在此同时,事先约好的摄影师来到房间,对这对坐在床边的男女照相留证,照完相片后,男女各自着装,女士拿到出场费(fee)后即离去而完成所谓男方通奸有据的证据,提到法庭后而完成夫妻间的离婚行为。此类共谋离婚形式稍后在其他各州亦有不同的发展及方式。例如在 19 世纪有些州的离婚许可比较容易取得而不需严苛条件时,则欲离婚夫妻可以旅行到该州住数星期即可去办理离婚,这些州如印第安纳州、北达科他州、南达科他州均采取较方便的方式核准夫妻间的离婚。稍后随时代的发展,各州对离婚案件的允许更加宽松及便利化,在 1970 年加利福尼亚州更进一步通过所谓无过失离婚(no-fault)法律,即夫妻双方不必具备任何正当理由即可申请离婚。换言之,夫或妻任一方只要想终止婚姻时,婚姻关系即告结束,早期使用的各种不正当的共谋方式也不再出现。离婚虽然非常容易达到,除非夫妻双方无小孩及财产,否则离婚后的夫妻间因财产分配、孩子监护权的归属等问题,均是律师忙碌的重点及生意的来源。

　　夫妻间因结婚而共同居住及生活,男女间未婚而居住在一起共同生活,以往视之为原罪的生活(living in sin),在 21 世纪男女间同居(cohabitation)在一起已视为司空见惯,不成问题。但如同居的双方当事人在一起生活一段长的时间而欲分手时,彼此间的权利义务如何区分或有无向对方要求补偿的请求权,此点在 1976 年加利福尼亚州发生的 *Marvin v. Marvin*① 一案时可以看出法界对此问题的看法及当事人的地位。本案中李马文(Lee Marvin)为一著名电影明星,原告(Michele Triola Marvin)为一小牌电影演员,两人共同生活十余年之久但未结婚,稍后李马文欲结束双方的同居关系。原告将李马文告上法庭要求财产补偿,因双方在同居前,李马文曾亲口答应原告,如原告放弃事业与他同居、替他管家及共同生活时,李马文愿意分出部分拍戏所得予原告,现双方分手,李马文分文不给,于是双方在法庭中提起诉讼。原告基于双方约定在先而同居,主张分得财产,但被告李马文提出强而有力的抗辩称:如双方有约定或契约(contract)的话,此一约定亦是有违公序良俗的不正常约定关系(mere-tricious relationship),无法律地位。本案在加利福尼亚州各级法院上上下下数次,法院各有看法,但最后仍判原告败诉,法院不承认原告与被告间此项同居约定有法律上的效力。此一判决作出后,对美国其他州有类似同居情况存在的男女产生了很大的困扰,有的提前分手,有的要先取得财产才继续同居生活,而其他州法院对类似的判决也不一致,有的州追随加利福尼亚州判决,有的州另为判决而不受加利福尼亚州李马文案的判决的影响。

第三节　判刑与处罚

第一款　犯罪处罚的演进

　　社会中的人群为了维护其社会秩序,必然有一串行为处罚的名单(list of crime)。早期美国殖民时期均以教会规范禁止某些行为,如一般人违反时,必定加以处罚,例如不正常男女间性关系(fornication)为经常被处罚的对象,又如对上帝不敬(blasphemy)等,均为教会规定处罚的行为。在这段时期可谓教会主导时期,原罪(sin)与犯罪(crime)不分,凡教会在心灵上犯

---

① *Marvin v. Marvin*, 18 Cal. 3rd. 660 (1976).

罪的原罪,在社会中刑罚也予以处分。以今日刑法观点来看,这些行为均不认为犯法而给予刑罚上的处罚。稍后移民日多,社会趋于复杂,对于偷窃、强盗、杀人等犯罪行为立法而予以处罚。美国的刑事制度之完整建立开始于美国独立战争后 19 世纪期间。这段期间有两个主要特点,即监狱及感化刑(penitentiary)的兴起及建立城市与乡村的员警力量(urban police forces)两方面①,这两方面的建立,对世界其他国家亦有效法的效果。1876 年纽约州的 Elmira 地方为最初设立刑事感化院(reformatory)的地区,对年青人初犯给予较监狱为轻的感化院纠正教育处理,使年青犯人可以改邪归正,重新融入社会。19 世纪至 20 世纪期间,刑事处罚制度除以上的发展外,在 1876年至 1898 年间,美国刑法制度中又引进假释制度(parole),1900 年特别建立专对少年犯罪的少年法院(Juvenile Court)及少年感化院以与一般成人监狱及成年人感化院有所区别。少年法庭的成立亦与一般法庭不同,少年法庭所处理的不单单是少年犯罪问题,其他一切有关少年时期所发生的问题均包括在内,如少年不上学、不听父母管教、与人打架等。由于性质特别,所以少年法庭最早(20 世纪初)成立在芝加哥 Cook County 时,此法庭与美国一般刑事法庭全然不同,少年法庭不设陪审员,一般而言亦无律师出庭辩护,完全由一位少年法庭的法官来处理如何帮助该少年重新站起来去做正常的事,即所谓拯救少年人(child saver)。

在谈到美国刑事制度时,英美国家的特色即为陪审制度(Jury System),陪审制度最初引进时的目的是对犯罪人给予公平的审判,使好人得到洗刷,使坏人或犯罪人得到处罚。陪审制度权威的建立亦经过一段长时间的演进,早期陪审员的裁决必须全体一致(a jury must be unanimous)原则也是经过一番奋斗才达成的。陪审员全体一致原则之所以能建立,要归功于英国早期在 1367 年一个有陪审员陪审的案件。法院在审理这个案件时,12 个陪审员作裁决时,发生 11 对 1 的结果,换言之,12 个陪审员中,有 11 人赞成被告有罪,只有 1 人反对,不赞成,而且扬言:

　　　　我宁愿死于监牢也不愿做违背我良心的判决。

于是法官无奈,就以 11 名陪审员赞成有罪而将被告判决有罪,此案上诉到英国高等法院(King's Court)时,法院法官一致认为不一致的陪审员裁

---

①　警察的建立主要是城市犯罪日增,治安败坏。1829 年,英国伦敦为全世界第一个成立员警制度的国家。美国仿效英国制度于 1850 年将员警制度引进到纽约,而后波士顿、芝加哥等城市紧跟其后引进了该制度。

定为无裁定(no verdict),原判决无效,陪审员的裁定必须全体一致原则从此确立。

稍后,早期英国社会为了压制反对分子,不准两人以上非法集会,有两名教友于星期日下午在英国伦敦 Grace-Church Street 发表了对政府不满的言论,当局以非法集会为由将其逮捕处罪,法官对 12 名陪审员指示称:依法律此两名教友为非法集会,应裁定有罪,然而此 12 名陪审员一致拒绝,该案负责法官将全体陪审员留置在法院一天一夜,磋商之后,陪审员仍然不能达成全体一致判决,于是法官又将这 12 名陪审员再留置一整日而不给饮水及食物,法官在第三日上午将陪审员一一叫到房间个别问话,但仍得不到一致的裁决,于是法官将这批陪审员以貌视法庭(contempt of court)罪名起诉,这批陪审员由领班 Edmund Bushell 带领向法院提出人身保护状诉讼(Habeas Corpus),指责法官违反英国人身保护状及人身自由。受理法院法官判决指出,陪审员有判定事实的自由意志,认定结果而不受任何人的指示或影响,判决词中有如下的描述:

> The judge held that no judge had any right for fine or imprison a jury for disobeying his direction in point of Law because every case depend on the facts, and of the facts the jury were the sole judges. The freedom of the jury was there established.[1]

自本案判决后,陪审员对事实的裁决为其职权,不能以任何理由加以限制或干涉,陪审员必须全体一致。此种陪审员一致原则经过数百年的演进,当初的时空背景在今日已不存在。今日英美法系实施陪审制度的国家,对陪审员一致的原则有所改革及变更,例如美国一些州陪审员的裁决可以以 10 对 2 或 9 对 3 多数决即为有效,英国及一些英联邦国家亦是如此,以符社会上之需要[2]。在今日英国伦敦高等法院外,仍矗立着当时的 12 名陪审员的铜像,以示对当时陪审员的勇气表示崇敬与纪念。

17、18 世纪在英国以及 18 世纪美国建国时的一段时期,陪审制度的确发挥了公平正义的作用,当经济发展、大都会兴起,社会越趋于复杂时,陪审员的裁决往往不能符合社会一般大众的预期,甚至有些裁决明显不公平。由于陪审员审判决定事实的认定,一旦认定有罪或无罪即不得更改,也不附

---

[1] Lord Denning, "Law and Life in our time", *Tasmanian University Law Review*, 2, (1964—1967), pp.355—356.

[2] 杨崇森:《美国法制研究》,台湾汉苑出版社 1976 年版,第 36 页。

理由,故发生不公时,亦无救济可言,而陪审员亦会受情绪或其他因素的影响而作出不当的裁决,现举两个早期的判例来说明:

1881 年有一人名为 Charles Guiteau 者在美国华盛顿巴尔的摩(Baltimore)火车站向当时的美国总统 James A. Garfield 开枪①,Garfield 总统身受重伤,于两个月后死亡。被告被捕并在法院受审,以现在刑事审理的标准,被告在开枪时,精神是否正常(insane)为判决的重要因素。因为一个精神正常的人不会无故向总统开枪。本案在审理时,被告精神是否正常虽为双方争论重点,律师及医生均提出不同观点,但决定本案最终结果的是陪审员的决定。本案 12 名陪审员一致认定被告 Guiteau 有罪而判决被告执行绞刑。

陪审团认定事实权力之大在 1859 年纽约州选出的国会议员 Daniel Sickles 谋杀其妻一案中可以更清楚地看出来②。Sickles 国会议员有一位年轻漂亮的太太被其好友 Key 引诱成奸,Sickles 于气愤之余,开枪杀死 Key 而受审,此案在审理期间被告律师唯一可用的辩词不外被告开枪之时因气愤而失去理智、精神不正常(insanity)。但以当时的道德标准而言,被告律师可以用一种很强大的社会道德理由来对被告杀人事件为辩护,死者 Key 背叛了被告而更进一步诱惑被告之妻与其通奸,此种败坏道德及人们相互间信任关系的行为,为社会所不许,该奸夫 Key 被杀罪有应得,最后本案在陪审员自我裁量下,被告 Sickles 被判无罪开释。由本案可看出陪审员对案件认定事实权力之大,陪审员对审理的案件只认定事实(fact),法官只对陪审员不知的法律问题提出指示或说明,对于犯罪事实的认定完全由陪审员决定,陪审员的认定可以不附任何理由,完全由其主观意识认定。

陪审员的认定可能有时严苛、有时宽慈,陪审员所引为判决的是一种自成一格的非成文法(unwritten laws)而符合不同时期的社会功能(social function)以使社会安定并对抗强权。但歧视难免,例如在美国南方各州的白人陪审员在审理白人杀死黑人或造成黑人重伤的案件中很少会被定罪,大部分均将其无罪开释,相反,如黑人杀白人或黑人强奸白人妇女则必死无疑。同时在美国监狱服刑人数暴增的今日,有一个现象不能忽视,即少数人种在监狱服刑的比例占大多数。以美国 1939 年为例,当时在监狱服刑者的 26% 为黑人,1985 年时,46% 为黑人,时至今日,20 岁左右的黑人青年有 1/3 人

---

① 参见 Charles E. Rosenberg, The Trial of the Assassin Guiteau (1968).
② 参见 Nat Brandt, The Congressman Who Got Away with Murder (1991).

数曾在监狱服某种刑度。美国华盛顿特区(Washington, D.C.)黑人居民中约有85%在其一生中某些时候被逮捕或服刑,黑人犯罪率高其原因为何?笔者认为白人的歧视亦或黑人本来即生活在社会底层是一个重要原因。下层人及低收入与犯罪是无法明显区分的连体婴,此一社会问题甚难回答。

第二款　陪审制的利弊

陪审制度经过九百余年的演进而至今日的现况,其中,也存在着各种缺失,例如陪审员的认定犯罪事实与社会一般大众对案件的了解与期待有极大的落差,陪审员认定不公及花费大量时间与金钱来审判一个案件等等。为了弥补陪审制度的过度消耗社会资源,英、美国家有识之士认为案件单纯而犯罪者事先认罪(guilty plea)之类案件则不必再经过陪审员来审理,以减低社会成本。此一改革的引进,经过一段时期的操作即成为被告审理期间认罪协商机制重要的一环,亦即吾人所统知的控辩交易(plea bargaining),在19世纪初该机制成为美国刑事制度中的一种。特别是在1900年美国纽约州的纽约市,犯重罪(felons)的审理中约三倍的刑事犯的审决由认罪协商程序中得到解决①。换言之,即刑事犯的处罚大部分不经过陪审员的长时间程序审判而费时花钱,而由犯罪嫌疑犯与检方经过罪前协商机制获得较轻罪刑或缓刑的待遇而结案。由于时代及社会的变迁,重大刑案在陪审员审理时其结果与美国早期19世纪90年代的时候亦有所不同。以前陪审员审理时之观念在20世纪的陪审员眼中看法亦不相同,而其结果显有差异。例如在19世纪美国一个非常著名的刑事审判案件 Lizzie Borden 案②值得深思。Lizzie Borden 被控一日在马塞诸塞州 Fall River 镇用斧头将其生父及继母杀死,此事实显然是一谋杀罪,于是乃组成陪审员审理本案,在审理过程中发现 Lizzie Borden 为未婚女士,生活正常,每周必去教堂作礼拜。如此生活规律的人为何凶残杀其父母? 其理由何在? 如何量其刑? 此等问题困扰着陪审员。本案审理过程中发现被告由于家庭教育及生活要求,其必须被人看得起并被尊重,这样,其生活感到呆板无趣,时常有挫折感,由于此类事实的显现使 Lizzie Borden 一时无法控制自己而杀其亲人,就其眼前证据而言,其杀人证据齐备应予判刑,但最后陪审员仍将其无罪开释。这种案件如在美国早期19世纪90年代发生,被认为是不可思议的(unthinkable),被告

---

① Arthur Train, The Prisoner at the Bar (1906), p. 226.

② See W. Robertson, "Representing 'Miss Lizzie': Cultural Convictions in the trial of Lizzie Borden", *Yale Journal of Law and the Humanities* 8:351 (1996).

必死无疑。当日认为不可思议之事到今日则视为可以想象之事（thinkable），可见时代及刑事法对处罚犯罪的变化有多么大。又如在 1994 年间美国加利福尼亚州大陪审团审理的 O. J. Simpson 案中，律师与检察官在陪审员面前的大斗法表演，至今仍让人印象深刻，双方争执重点乃在各种证据及证人等的陈述在 Simpson 杀人一案上，有无在刑法上超越合理的怀疑（beyond a reasonable doubt），如无则被告应无罪释放，即在这类情况下，陪审员认为本案中因证据不足以使他们认为 Simpson 犯杀人罪而认定其无罪，将其释放。陪审员认定结果虽然与社会大众想法及认定不同，但美国当前的制度如此，眼看一个杀人犯逍遥法外也无可奈何。陪审员制度在今日的美国不时遭受各方的攻击，其理由即在此。特别是在有陪审员审判案件的情况下，美国证据法变得非常复杂，什么证据可以让陪审员看，什么证据不能让陪审员看或知道等原则非常严格，虽如此，但陪审员审理的案件在今日仍不时遭受攻击及不满。

第三款 无害犯法者

无害犯法者（victimless crime），顾名思义乃指无受害人的犯罪人。这种犯罪所以被认定为犯罪，乃可以被追溯至中古时代。在那时，教会掌控一切，教会人士认定教会中的教徒是生而有原罪（sin），在法律上对犯罪者即被视为一种犯罪而加以处罚。特别是在清教徒（The Puritans）盛行的一段时期。此类例证如男女通奸、同性恋、吸烟、喝酒、自杀、堕胎、色情等，从事此类行为者并无受害者，在当时教会眼光下认为此等行为人犯了 sin，犯了 sin 即犯了 crime，因此种行为人在当时被认为犯罪，必须被处罚。在此时期，特别是娼妓问题尤其严重，娼妓的存在涉及到人口买卖，员警单位因收保护费等问题，使娼妓问题屡压屡起。美国在 1910 年国会通过了一项目的在防止州与州间买卖人口及收留妇女从事妓女行业等的法案，但此一问题至今尚不能全盘解决。而以上各类无害犯法者，由于时代及社会的进步及复杂性，有很多行为虽教会人士仍认为其为 sin 的一种，但刑事法上已不再认为其为 crime 的一种而加以处罚，例如同性恋、个人的自杀行为、堕胎、吸烟及喝酒等。至于通奸是否如中古时代教会所主张的为 sin 的一种而必须在刑法上加以处罚，在当今国际社会每一国家亦规定不同，有的国家认为需处罚，有些国家认为如男女均合乎法定年龄，双方均有意愿时，并不会被视为犯刑法上的任何罪名。有些国家之所以处罚已婚之男女通奸者，其着眼点为维系家庭关系的和睦及社会秩序的安定。

第四款 毒品法案

19 世纪人们对毒品使用人及贩卖毒品者之法律规范均不如 20 世纪之来得完善。19 世纪初期、中期人们大都认为吸毒者与酒醉或其他不良习性者同类,不是刑法上被视为处罚对象的 crime。但是毒品如鸦片等之使用会使人产生依赖性毒瘾,由于有毒瘾而引发连串的社会问题如刑事案件、性病等社会问题而益趋严重。1909 年美国国会制定了鸦片排除条例(Opium Exclusion Act 1909)及 1914 年的 Harrison Narcotics Act。此一法案的重点在由美国联邦集中事权来防止医药界将毒品不当扩散使用。在 Webb v. U. S. 一案①中,美国最高法院宣判,有个医生韦博(Webb)定期而持续地开出处方给一个吸毒成瘾的吸毒者(addict)去药房购买毒品吸食,为违反上述法案的规定。换言之,任何医生不得开立处方使有吸毒习惯者去药房合法买到毒品,违者法办。自此以后,美国医药界即不敢开立处方让吸毒者去药房购买毒品。因此之故,在 19 世纪末,美国社会面临打击各种无受害人的犯罪行为的巨大压力,例如各种性行为、赌博、喝酒、吸毒等。此类行为以往均在教会掌控下,在社会上亦是不被允许的犯法行为。何以传统的社会良好价值会破产,因何造成,如今的防止之道如何等问题一一浮上台面。一般的观察认为之所以会如此,是由于社会进步及社会经济发展的需要,移民增加、人口向城市集中,过去的美好传统已慢慢随风而去(Traditional society was passing away)。在这一过程中,美国曾一度想用立法的强力手段来阻止人们沉沦,例如在 1920 年美国宪法第十八修正案(Eighteenth Amendment)禁止制造、买卖及运输酒类货品,结果彻底失败。到 1933 年美国宪法第二十一修正案将第十八修正案加以废止而告终。至 20 世纪末各州刑法上对无受害者之性犯法行为(victimless sexual crimes)均已除罪化,不再认为是犯罪行为。其他如买卖酒类饮料、赌博、色情刊物等亦复如是。

第五款 20 世纪美国刑事政策

刑法及刑事政策与其社会生活相同,必须随社会之改变而改变。此种互动的改变可以从很多的前例中看出。例如在 19 世纪初美国各州悬赏杀死野狼(wolves)。至 19 世纪后叶,各州又规定任何人杀死一只狼则为犯罪行为而被处罚。又如 1900 年间,任何已婚男女如有通奸行为这一犯罪行为

---

① *Webb* v. *U. S.*, 249 U. S. 96 (1919).

而被处罚,而通奸在 2000 年之刑法中则为无罪行为,很多以前认为必须处罚的所谓犯罪行为,由于社会的变迁及进步更加复杂,刑法上均已不再视为犯罪了。但是社会的进步、新科技的发明虽然改进了人们的生活水准,但新科技又产生了新的难题及犯罪。例如 19 世纪初偷窃最多的是马,如今由于汽车的发明及使用,最多的盗窃对象是汽车;汽车的广泛使用又在社会上产生方便盗贼使用汽车来犯案,如银行抢劫案(bank robbery)以及黑社会犯罪组织如美国的黑手党(Mafia)及其他黑社会犯罪团伙等。由于新犯罪手法及犯罪组织不断出现,以前刑事处罚大多由美国各州政府来主导,现在渐渐由美国联邦政府来主导①。其结果造成以前从未想到的犯罪行为及法律政策必须改弦更张,联邦政府订立的新刑法不断被引进,如第二次世界大战期间,美国联邦政府制定逃兵、货品囤积居奇及地主逃避税捐等立法。所有这些有名的联邦刑事立法均针对及包含当时社会上新形态的犯罪,特别是1950 年前后,由于社会不断上升的犯罪数字以及手段的翻新,凶杀及谋杀不断上升,要求政府提出整治方案及对策的呼声日益强烈,此一现象给予各州政府及联邦政府极大压力,以往美国大选时犯罪并不是一个重要争点(issue)。自 1950 年后的美国大选,犯罪一项成为美国两大党的争执重点之一,不论民主党或共和党由谁来主政,均是如此,其结果使全国形成了针对犯罪必须采取强而有力手段来对付(toward toughness)的共识。加利福尼亚州的"三鞭打"法律(Three Strikes Law)的制定即是为因应大量犯罪的结果。所谓"三鞭法"者即任何一人如犯三次法并被判刑时,则其第三次犯罪审判时,法官将毫无疑问将其宣判终身监禁(life imprisonment)。此一法律的公布虽有吓阻犯罪作用,但也造成量刑及实际上的不公。例如加利福尼亚州一个名叫 Jerry Dewayne Williams 的无业汉,因其有犯罪前科,在一次向四个小孩抢夺他们的 pizza 后而面临被判坐牢 25 年的命运,此案由于媒体的大量报道,最后法官判其坐牢两年。以抢食一片 pizza 而言,两年的徒刑仍然是相当重。

在此时期,假释是否值得存在亦发生不同争论,因其中发生大量的不公平。争论归争论,假释制度亦不能无替代地废除,而此时犯罪率的升高使美国各州及联邦政府采取更强硬手段来处理犯罪事件及犯人,其结果为监狱愈盖愈大,犯人愈来愈多。在 1997 年美国全国有约一百六十万男性犯人关

---

① 　早期美国联邦政府刑事法律大都针对如关税收缴,人们逃税及逃避酒品税捐等。在当时美国联邦政府连一个关犯人的监狱都没有,在 1891 年时联邦政府才有第一所由联邦政府管辖的监狱。

在监狱,有十二余万女性犯人在监服刑,同一时期全国约有四百万人假释中(on probation or parole),如此雷厉风行的严苛法令及法院判刑,其结果是监狱不断增加犯人人数。这是否为解决犯罪的有效手段似非正确答案,刑事政策的再思考(rethink)仍为必需。

另有如美国判决死刑及死刑犯的执行问题亦在各州执行时摇摆不定,1972 年在 *Furman* v. *Georgia* 一案①中,美国联邦最高法院以 5 对 4 的判决,认定各州的死刑法案无执行力。此一认定对各州死刑犯到底要不要执行,以及如何执行,产生了极大的争辩,其结果是各州死刑犯的执行愈来愈少,奇怪的是重大谋杀率在各州亦同时无理由地下降,此一现象使法院判决死刑的比率也有所降低。现今大多系对员警救火员、公务员、法官、陪审员等的杀害者才会被判死刑,其他一般谋杀或杀人案件中判死刑的比率已愈来愈少。今日的美国大众对执行死刑犯的反对亦愈来愈强烈,从而死刑犯的执行死刑也大幅降低,甚至有些死刑犯在州监狱中待了十年及二十年者所在多有。

对毒品的战争是 20 世纪刑事政策之一。美国联邦及州政府的监狱人满为患,其主要原因之一即美国各级政府以强硬手段对毒品宣战,毒品不但是对个人身心的摧残,其家庭各个成员深受其害,对社会群体亦受影响,故各国对不论吸食者、贩卖及走私毒品的毒贩均给予极重的处罚,特别是最近几年美国的刑事政策对贩毒及吸食者的处罚绝不手软,犯毒品罪者的处罚愈来愈重。在美国的很多州对严重违反毒品规定的犯人,最重可以被处终身监禁。在 *Harmelin* v. *Michigan* 一案②中,被告 Allen Harmelin 因持有 672克的可卡因(cocaine)毒品,而被密歇根法院判处终身监禁且中途不得假释。被告将此案上诉到美国联邦最高法院,以此一判决违反被告在美国宪法上的权利为理由,要求联邦最高法院推翻密歇根法院此一判决,联邦最高法院经过慎重考虑之后,仍维持密歇根法院的判决,被告 Allen Harmelin 败诉。不但违反毒品管制法律者被判重刑,而且违反毒品法明白规定,法官对违法的毒品犯人,没有自由裁量(discretion)刑期之权,换言之,对毒犯的刑期,必须照刑法上的刑期来判决,刑期一旦宣判,服刑中的犯人均不得享受缓刑或假释的优待。美国除以重刑对付毒犯之外,希望以重刑止犯,同时亦花费大量金钱来矫正吸毒犯,并对种植、制造、贩卖毒品的源头及其经手人

---

① *Furman* v. *Georgia*, 408 U. S. 238 (1972).
② *Harmelin* v. *Michigan*, 501 U. S. 957 (1991).

予以无情的打击。例如美国对毒品主要来源的墨西哥、哥伦比亚、巴哈马等地均予特别注意及采取一定的防止措施。

第四节　美国在 20 世纪进行行政及福利社会的过程

19 世纪,美国的中央政府既小又无力,华盛顿特区内的美国联邦各机关并不被重视,也不重要。社会上大部分事务均由州政府处理,而州政府手中握有的权力亦不肯送回给联邦政府。那么是什么因素使美国联邦政府的行政权力大增?主要因素是全国各地经济蓬勃发展,各州不同程度的经济发展及需求,相对产生不同程度的问题,此类问题不是某一个州政府单独可以解决的,必须仰赖联邦政府以中央统一的权力来管理或处理各州所发生的不同问题以取得全国一致的规范。早期为了统一全国铁路的兴建及管理而在 1887 年制定了《各州商业行政条例》(Interstate Commerce Commission Act of 1887)用以管理及排除因铁路的兴建及通车在各地造成各种不同程度的纠纷及对当地小生意人造成的伤害。这一类事务必须由联邦政府集权来统一处理,而这一《各州商业行政条例》的制定为美国联邦政府中央集权的开始。另一使美国联邦政府集权的因素是反托拉斯观念的兴起。所谓反托拉斯,即美国巨大企业的兴起,使一些中小企业无法生存下去。大企业以独占性吸收社会大众的利润,使中小企业主无法生存,在此种情况下,美国国会通过制定 Sherman Anti-Trust Act 1890 来限制大企业对各种商业排除独占(monopoly)及竞业禁止(restraint of trade)等。此一法案的通过,在早期遭到法院法官的敌视,直至 20 世纪时因社会经济的更进步及繁荣,此法案才发挥功能,例如因违反独占或竞业禁止的规定对 Standard Oil, American Tobacco, IBM, AT&T, 及 Microsoft 等大公司加以控告或处理。

另一使美国联邦政府的行政权大增的原因是国会在 1906 年通过《食品及药品条例》(Food and Drug Act)。此一条例,顾名思义乃是管理及监督全国各州的食品及药品的制造及销售。在未通过此一条例前,美国各地区的食品及药品,各行其是,杂乱无章,时常对人体造成严重的伤害,甚至致命。食品的卫生及药品的安全性,必须有人或机关来把关,于是美国联邦政府食品及药品管理署(Food and Drug Administration)乃应运而生,负责全国的食品及药物的安全监督及检查工作,以为保障全国人民身体的安全福祉。美国联邦政府在 20 世纪因食品及药物管理署的成立,更进一步落实了中央行政集权(centralization)的效果①。

第一款　责任义务的兴起

19 世纪虽然是建立健全侵权行为法的时期,但当时法官在判定时将责任判定在发生事故的工作危险性方面,如在火车上、矿场内等。对于侵权行为在产品责任(product liability)方面的适用还是有所保留。侵权行为适用在产品责任的开端则不能不感谢 1916 年在纽约州最高法院一个 *MacPherson* v. *Buick*② 判例。本案事实乃一名人士向汽车经销商购买一辆别克汽车,此辆汽车车轮有瑕疵(defective wheel),由于汽车发生事故而使 MacPherson 乘员受伤,于是 MacPherson 控告汽车制造商而非经销商。如按过去英美普通法上契约之关联性理论(the "privity" doctrine),本案 MacPherson 应控告经销商而非制造商。本案在法官 Cardozo 的精心审判下,他不过分重视过去普通法所着墨的契约神圣或契约须在双方当事人间有关联性的理论及判决,摆脱过去的束缚而作出了符合社会经济活动进步的判决。他判决指出倘一个产品出厂时即有瑕疵而有造成人员受伤的危险,则受害人即可直接控告制造者而非销售的中间商。此判决一出,其他州亦立刻追随此一判决精神,如今任何美国人民将产品责任的保证由制造商承担仍是当然之事,特别是今日商业活动是如此广泛,媒体宣传到处都是,消费者立于弱者地位,如何有能力去分辨产品的好坏,产品责任由制造商承担乃天经地义之事。从 1916 年上述判决以来,侵权行为法适用范围不断扩大,侵权责任亦不断严格,很多情形下,侵权责任之产生已不太如过去注重侵权责任须有疏失(negligence)或粗心大意(carelessness)才成立的原则。另一在 20 世纪中叶时侵权行为法中大幅扩张的案例乃医疗纠纷中医生过失的医疗纠纷的侵权行为,早期的医生与病人间有如家人或朋友的关系,但由于社会经济的发展,新科技在医界的引进使用证明,医生在某些情况下确实有犯错的可能而造成病人的伤害。在此类案件不断增加而形成所谓的疏失责任法(malpractice law)的发展,此一法律规定下又引进了所谓已告知的知晓(informed consent)责任之说,即在医生为病人动手术之前,将可能发生的危险或后果必

---

① 1938 年美国 S. E. Massengill Company 因销售药品 Elixir 造成数百人死亡,自此事件后,任何药品的上市销售必须经过试验及事前批准,否则,不准上市。美国食品及药品管理署的权力在此更扩大了范围。

② *MacPherson* v. *Buick*, 217 N. Y. 383, 111 N. E. 1050 (1916). 本案系由美国最有名的法官 Benjamin Nathan Cardozo 所作的很多先驱判决之一。

须充分而完整的告知病人及家属并取得其同意后再来处理医疗行为,如医生未经过此一程序即对病人从事医疗行为,所发生的一切危害病人的结果及其后果,不论是否此一医疗行为事后证明并非医生的过失或疏失所造成,均由医生负侵权行为责任。

19 世纪由于工业化的发展与进步,劳资双方发展出劳工同僚法(Fellow Servant Rule)的规定来规范劳工在工业界工作时受伤赔偿的规定,其间由于服务工作地点及对象的不同而有不同法令出现,其目的在减少大量增加工业意外而造成的劳工死亡人数,特别在工厂、铁路、矿场及建筑工地等场所。但各种规范不同而造成混乱,于是在 20 世纪初即将各州政府所订劳工受伤赔偿的各种赔偿条例逐步加以废除,例如对 1908 年针对铁路员工在跨州间受伤雇主所负责任的《联邦雇佣人责任条例》(The Federal Employers Liability Act)加以废除等,而于第一次世界大战期间代以《工人赔偿条例》(Workers' Compensation Act)取代美国所有工人在工作期间受伤赔偿问题。美国工人赔偿条例在制定时大部分参考英国的模式,同时亦受德国俾斯麦(Bismarck's)工人立法的影响,主张工人受伤赔偿为无过失制度。换言之,工人在工作时受伤或死亡,雇主即负赔偿之责,而不论此一工人在工作时是否有过失、疏忽等情况,如受伤害就须赔偿。由于时日的推移,工商业不断的发达及进步,工人受伤赔偿条例的范围日渐扩大,有些州的立法非常详尽,如阿肯色州(Arkansas)工人受伤赔偿条例中明列如工作丧失一只手,其赔偿额相等于 244 个星期的薪水,失去一手指,相当于 73 个星期的薪水等。根据条例规定,雇主无抵抗权,一旦工人受伤即照条例规定赔偿,同时雇主亦享有工人不能以侵权法(torts)来向雇主求偿,工人亦不得以身心痛苦等理由求偿。工人赔偿条例的另一特点是如有诉讼,不用陪审团来审理,如此一来,时间及金钱均可节省。

20 世纪初期的工人受伤赔偿条例赔偿的范围大都限于受伤者的实际受伤部分得到赔偿,等稍后的发展慢慢延伸到精神上,身心压力或其他非实际身体受伤部分,亦可取得赔偿,范围愈来愈大,以至于在工作场所上班如发生心脏病死亡时,雇主也要负赔偿责任。换言之,20 世纪末,工人受伤赔偿条例几乎无所不包,范围超大,雇主的责任日益增加而致于无法负荷,雇主乃群起向政府及立法机构陈情及施压,于是在 1993 年阿肯色州的立法看到工人受伤赔偿条例中规定:"工人们的精神状态或精神病不需赔偿,除非能证明此一精神病之成因系身体实际伤害所造成方可。"阿肯色州此一立法可看出美国各州对工人受伤赔偿条例范围过广的保护受到约束,此一趋势亦使侵权行为法的使用范围同样受到影响。

第二款 美国福利国的建制

美国罗斯福总统主政期间主张美国的新措施(The New Deal)计划,在此项计划下希望将当时的经济大萧条的情况加以改进,将一些妨碍社会及经济活动的法律加以废止或修改,例如在 1933 年美国《农业调节条例》(The Agricultural Adjustment Act)中废止了对农民的贴补或限制等规定,使生产及出售自由化。1936 年罗斯福总统第四次连任,对以前被保守的最高法院中九位老人法官所阻碍或拘束的保守态度主导法院的判决,终于有机会更动,使一些年轻及认同社会变动的人士出任最高法院的法官。在这一段期间,他推动建立符合时代所需的银行制度,引进存户保障的制度,建立证券交易制度(The Securities and Exchange Act),在美国华尔街建立所谓的熊市及牛市(The bulls and the bears)交易制度,使企业借其股票在市面上交易而筹集所需资金以扩大经营规模,根据此条例所设立的证券交易委员会(The Securities and Exchange Commission),则为监督市场秩序及保障投资大众权利的守护神。此制度的建立,对世界各国亦起了效法的作用。在新措施的推动中,对早期各种劳工立法也作了修改,以符合社会及经济变动中的要求。1935 年通过的《社会福利条例》(The Social Security Act of 1935)为 20 世纪最重要的立法之一,其中的失业救济、退休年金制度(pension system)使一些退休人员能老有所养,以解决社会问题。罗斯福总统所引进的社会福利制度在日后继位的美国总统任期内均未有所改变,只在某些因时代的进步或变更部分加以修改,以符合社会的需要。

美国林顿·约翰逊总统(Lyndon Johnson)在 1960 年提倡大社会计划(Great Society Program)对贫穷宣战,在这一期间最著名的乃引进创立医疗保险制度,使美国人民有病痛时得到立即及必要的医疗照顾,而不因某人贫穷而得不到应有的照顾。此制度的立法引进,对美国广大群众影响深远,有如美国的社会福利制度一样,后来的继任者均不敢将之废弃,只能对部分不合理处加以修改。在此期间,人们了解到环保对人类健康及生存的重要,亦对环境保护开始有所认识及引进立法。

第三款 美国民权运动

19 世纪末,美国黑人可说处在美国各州社会的底层。尤其是在一些南方州,黑人、白人必须分校,除学校外,运输工具如火车、公共汽车均必须黑人、白人分坐,甚至于在监狱坐牢的犯人也分黑人、白人监舍。当时美国宪法第十五修正案文中对黑人的民权有保障的规定,但大部分州以各种理由使第十五修正案变成了一纸死的文书,毫无作用。例如在南卡罗来纳州,白人掌控的州政府在州选举时,要求黑人需付投票费约三百美金,并且能读出一段该州宪法某一条文才能进去投票。有些地方对一些黑人通过上述条件的投票人施以暴力,使其放弃投票机会等,使黑人在美国社会上看似平等,实际上完全是次等公民或连次等公民都不如。对黑人动用私刑(lynch)乃南方各州的家常便饭,对黑人的审判快速得不得了,粗暴、随便及歧视等便是美国当时对待黑人的写照,黑人无人权可言。

　　由于美国社会的需要,移民增加,经济开始扩张,在 20 世纪初,不同人权团体及机构发出各种呼声及抗议要求改善黑人地位,此类反应在当时并未发生多大影响。直到美国最高法院在审理 *Buchanan v. Warley* 案①时,才看到积极的反应。美国最高法院在本案中判决宣布,在白人住的社区禁止黑人入住的排除规定是不合法的,也是无效的。换言之,一个完全禁止黑人入住的社区如果有黑人要入住的话,此社区必须让此黑人入住。反之亦然。判决后,美国最高法院对于黑人、白人分校亦采取决定性立场,例如在 *Missouri ex rel. Gaines v. Canada* 一案②中,一名黑人青年叫 Lloyd L. Gaines,申请进入密苏里大学法学院就读,密苏里大学法学院拒绝其申请而发生诉讼,密苏里州最高法院判决支持大学的决定,不同意该黑人入学,于是本案上诉到美国联邦最高法院审理。美国联邦最高法院判决密苏里大学败诉,该大学必须接受此黑人的入学申请。联邦最高法院对于密苏里大学提议由大学出学费,让此黑人青年到其他州去念法律的建议亦为法官所拒绝,法官认为该大学的此一理由不够充分,密苏里大学必须让该黑人青年入学就读。又如 1950 在 *McLaurin v. Oklahoma State Regents* 案③中,一名黑人青年 George McLaurin 在俄克拉荷马州(Oklahoma)州立大学读书,学校强迫规定他必须坐在特定教室座位上课,吃饭亦须在特定饭堂,到图书馆进修或查资料时,他必须坐在特别为他安排的地区座位落座,他无自由选择之权。这种对黑人青年学生的限制行动与白人青年学生的自由自在在学校学习,两相比较,显然不能被视为公平对待(equal treatment)的处置。美国各州对黑人这种大小不同的待遇与歧视直到美国联邦最高法院的首席大法官沃伦

---

① *Buchanan v. Warley*, 245 U. S. 60 (1917).
② *Missouri ex rel. Gaines v. Canada*, 305 U. S. 337 (1938).
③ *McLaurin v. Oklahoma State Regents*, 339 U. S. 637 (1950).

(Earl Warren)上任后于 1954 年在 *Brown v. Board of Education* 一案①中判决宣布:美国各州对于黑人学生在学校的一切隔离政策(segregation)或实施的方法均违反了美国宪法第十四修正案的精神及规定,自判决后无效。自此判决后,美国各州对于黑人、白人分校或隔离的政策才逐渐改进而至取消。而真正将黑人的人权与白人平等对待乃在 1967 年 Loving v. Virginia 一案②判决后。本案中 Loving 是一个黑人而娶白人女子为妻。早期美国各州严格禁止黑人、白人通婚,尤其禁止白人女子嫁黑人男子,Loving 最后胜诉。换言之,美国联邦最高法院判决黑人 Loving 可以娶白人女子为妻,为一合法夫妻。此一判决之后,黑人、白人不平等的种种不合理及不合人道的规定及措施在法律上才得到真正的解放。就美国人权平等的历史发展来看,自 1950年至 2000 年之间,美国人权特别是人种间相互关系或权利之平等进行了重大而全面的革新。在这一段革新阶段中,美国的联邦法院扮演了极为重大的积极角色,埋下了美国多元种族社会的法治基础,其中美国联邦最高法院首席大法官沃伦开放及前瞻性的判决以及黑人人权领袖马丁·路德·金(Martin Luther King)的人权运动,对黑人能得到像今日这样与白人平等对待的待遇均有极大的关系。1964 年美国《民权法案》(Civil Rights Act of 1964)以及 1965 年《选举投票法》(The Voting Rights Act of 1965)等的制定,均在落实人权相互平等的观念及待遇,特别是选举投票法的制定及实施结束了数百年来美国各州白人至上的历史。

第四款　被告的人权

美国刑事被告的人权(defendant's rights),在 20 世纪 50 年代以后亦得到进展,例如在 *Gideon v. Wainwright* 一案③中,被告 Gideon 为弗吉尼亚州的一名逃兵,在游泳大厅偷窃。法院在审理期间,被告要求在法庭中诉讼得到律师的协助,法庭认为被告可以得到律师的协助,但律师费必须由被告支付,被告无钱请律师代其辩护,而弗吉尼亚州法律亦未规定刑事被告在诉讼中可以免费享有律师辩护的规定。在此场合,本案被告被迫自己替自己辩护而被判刑。被告不服上诉到美国最高法院,美国最高法院将下级的判决加以推翻并判决说:"按照美国宪法的规定,弗吉尼亚州对本案被告 Gideon 的审理,必须免费请一律师为其辩护,本案因审理时无律师替被告辩护,故

---

①　*Brown v. Board of Education*, 347 U.S. 483 (1954).

②　*Loving v. Virginia*, 388 U.S.1 (1967).

③　*Gideon v. Wainwright*, 372 U.S. 335 (1963).

须重新审理且须免费请律师替其辩护。"弗吉尼亚州法院依照联邦最高法院的判决办理,配置律师替被告辩护,最后被告被判无罪释放。此案的判决,影响美国刑事诉讼非常深远,自此不论刑事被告有钱或无钱,在案件诉讼中法院必须为被告配置律师为其辩护,对刑事被告的人权保障更是迈进一步。1966 年的另一判例与上述案件均甚著名。在 *Miranda v. Arizona* 案①中,被告 Miranda 为一贫穷、未受教育的年轻人,被控强奸。员警将其逮捕后,关在一个封闭的侦察室中,严词讯问,被告虽自称其为清白人并未犯强奸罪,但在此气氛中长时间被问后,被告签了一份书面自白书(written confession),承认犯案,于是法院根据被告的书面自白而判决被告有罪。于是被告上诉到美国最高法院,最高法院在审理本案后,以 5 比 4 的表决,判决撤销下级法院以被告人自白为证据而判决被告有罪的判决。联邦最高法院判决中指出,任何人被逮捕后,均有权抵抗员警的高压及胁迫性询问,此乃人之天性,法院不得以被告身处非自由意志情况下所作成的自白为证据而处罪,无其他特别或情况证据支持,被告人的自白不能作为处刑的唯一依据。自本案判决后,员警机构如将某一嫌犯逮捕,必须向被逮捕人宣示所谓的米兰达警告(Miranda Warning),如警政单位对被逮捕人未作如下的宣告,即为不合法定程序的询问。米兰达警告的内容约如下述:

> You have the right to remain silent. Anything you say can be against you. You have the right to talk a lawyer at any time. If you can't afford a lawyer, the state will provide you with one.

以上米兰达警告实行后,曾引起美国警方不满,认为对办案员警绑手绑脚,使坏人逃避法律的处罚。但抗议归抗议,自 1966 年 Miranda 案判决后至今日,米兰达警告持续实行未见废除,对嫌疑人及被告人权的保障可以说是向前迈进了一大步并成为美国法治文化的一部分。

第五款　人权保障的再强化

以上所讨论及发现美国法治的不断改变及深化,其所以如此,乃基因于人们的推动、坚持及社会的强烈需要,若非如此,不足以满足当时社会的需求及社会的和谐。本节下面所讨论及介绍的可以看出美国法治发展在 21 世纪末对于人权方面的更进一步的强化。

---

① *Miranda v. Arizona*, 384 U. S. 436 (1966).

　　前面已讨论过美国最高法院首席大法官沃伦作出一系列对美国人权保障方面的重要判例及主张,其实沃伦法院在其他人权保障方面的影响亦甚深远。例如在 1962 年 *Baker v. Carr* 一案①的判决中,美国最高法院确立美国各州的选举,不论乡村或城市居民,不论肤色是白或黑,或黄,不论贫或富,所有美国公民均为一人一个投票权 (one person, one vote),换言之,即一人一票,大家平等享有公民参政权。除此之外,Warren Court 在 1950 年至 1960 年间,对于美国社会存在的各式各样的歧视作出了全盘的改革。夫妻间的财产分配也不再由男主导一切,特别是加利福尼亚州在移民方面、各少数民族所使用的原母语及文字亦得到公平对待。而 1964 年通过的《人权法案》更规定在工作场所,不得因性别的不同而不同工不同酬,引进最低工资的保障,以及对妇女劳工不得超过特定工作时数的规定等,均在落实人权的保障。美国政府为落实各种人权的保障,在 1964 年《人权法案》规定下,成立各类政府机构受理人们在各领域中受到的歧视或违反美国人权法案中的规定或精神,以确保人们的人权受到充分的保障,例如航空公司职员或空中服务员,必须男女均等,医院中的护士,男人亦可出任等。1967 年通过的《受雇年龄歧视条例》(The Age Discrimination in Employment Act) 更进一步打破了多年存在的人们寻求工作时以年龄限制申请者的资格,例如早期限制申请的男女不得超过 40 岁,后来改为 65 岁,1978 年改为 70 岁,而到 1986 年将年龄限制完全取消。换言之,根据此条例在工作中的人们,只要身体健康允许,并无退休年龄的限制,此种规定对人权保障弹性极大,对工作者的保障甚为有利。其次于 1990 年通过的残障条例 (The Disabilities Act)②,对聋哑、残障人士的工作权亦给予充分保障及工作机会。

　　美国法律对隐私权 (right of privacy) 的保护非常重视,而妇女的怀孕、生产及堕胎 (abortion) 亦在隐私权的保障范围之内。*Roe v. Wade* 一案③涉及妇女是否有权堕胎的问题。该案是发生在得克萨斯州严格限制妇女堕胎的案例,在佐治亚州对于妇女的堕胎则采取较宽松的态度,于是本案上诉到美国最高法院审理,原告律师在美国最高法院法官前辩称:"美国宪法的目标之一即在保障个人有权决定他自己的生活方式。"(One of the purposes of the Constitution was to guarantee to the individual the right to determine the course of their own lives.)

---

①　*Baker* v. *Carr*, 369 U.S. 186 (1962).
②　The Disabilities Act, 104 Stat. 327 于 1990 年 7 月 26 日公布实施。
③　*Roe* v. *Wade*, 410 U.S. 113 (1973).

　　美国宪法的目的之一当然是保障美国人民每一个人各自的生活方式，但堕胎是否为妇女独有自由决定生活方式之一，为一极为受争议的事项，其中牵涉到宗教、人伦及生命权等的争议。本案在最高法院以 7 票对 2 票判决认为妇女在美国宪法保障下对其所怀小孩有堕胎权，特别是在妇女怀孕初期时堕胎。但本案在审理时美国全国妇女改革团体主张毫无限制地堕胎，而保守团体则主张堕胎为谋杀，应完全禁止。最高法院在 *Roe v. Wade* 一案中由大法官 Blackmun 主写多数意见判决书时，采取折衷方式判决：在妇女享有绝对的堕胎权前提下，有下列限制，一般妇女堕胎需在怀孕最初 3 个月为之，怀孕 6 个月时由州政府主管机关监督下堕胎，怀孕到 9 个月时则一律不准妇女堕胎。本案自 1973 年判决以来，争议不断，特别是宗教团体认为堕胎为谋杀，必须全面禁止，美国保守人士及共和党千方百计要推翻 *Roe v. Wade* 判决。在 1992 年 *Planned Parenthood of Southeastern Pennsylvania v. Casey* 案①中，美国最高法院差一点将 *Roe v. Wade* 翻案成功。美国妇女堕胎权到底应不应为妇女隐私权的一种，至今仍在美国各界争论不休，将来如何演变，尚待时日的观察。其他牵涉到人民隐私权方面如公民享有性方式的各种自由，不再受以往宗教界严格教规的限制，特别是公民在无受害人方面的犯罪均大幅度地除罪化及无罪的改革，此对美国人民在隐私权方面的保障进了一大步。

第五节　美国法律在 21 世纪初的发展及展望

　　以上各节讨论及回述了美国法律及法治的发展历史，由美国初期移民从英国带过来以基督教的教义为主的宗教法来规范美国早期移民一切的活动，稍后由于移民的增加，社会的扩展加之经济的发达及交易的频繁及复杂，美国法律开始制定新的规范来约束刑事、民事、商业等各方面的法律，使社会大众生活在有规律、有秩序、有保障的环境中。贫富不均的出现使社会要求公平对待弱势团体，于是美国立法引进社会福利制度。生病住院对老、病及退休人士而言为一大困扰，于是医疗保险制度又被引进来照顾所有美国人民的医疗事项，人民健康得到更进一步的保障。20 世纪的后期更看到美国行政机关的行政权不断扩大，人们的食、衣、住、行以及生、老、病、死，美国行政机构的联邦、州及地方政府均在其中扮演一个角色，美国司法机关的

---

① *Planned Parenthood of Southeastern Pennsylvania v. Casey*, 505 U. S. 833 (1992).

各级法院对争议事件的判决不但排解了纷争，同时亦增强了政府的公信力及人民守法观念。20世纪后期媒体的发达，一方面保障人民的言论自由等人权，同时媒体亦扮演了对政府施政监督的角色，使政府行政人员不致滥权而对国家及人民造成伤害，使国家及经济活动更为扩张及繁荣。为达到社会繁荣及人民安居乐业的目的，各种州及联邦法律的制定更是汗牛充栋，多不胜数。这均为吾人研究美国法律发展史所得到的结论及结果，而这类的立法也对发展中国家或落后的法治国家起了很好的效法作用。一个落后的国家想要进步到发达国家，其法律建设须要有完整的配套；法律或法治未达到应有的水准，虽然在其他方面有所进步，此仍不能视为一个发达国家。

21世纪初现，新时代来临，美国法治制度的走向及规划为何？我们可以从过去历史的演进而展望美国未来法律制度的轨迹。美国法治制度过去的发展历史虽可以成为一个重要的参照依据，但美国立国以来有些特殊性格及文化亦是影响美国法律制度未来走向的重要因素。如美国法律学者强调法律是一个"政府"的产物（Law is the product of "Government"），这个"政府"又被现代化人们生活所需的各种要求所制约，除此之外，各州的特殊文化及各式各样的公共关系及利益团体游说等也影响了美国法律的制定。美国是一个个人主义（individualistic）极高的社会，由于主张个人主义化而连带产生附带个人化生活方式中的娱乐、财富分配及消费等的特殊性，政府在这方面自应使这批个人主义者的欲望及需求得到自我满足（self-realization）的境界，这种特性自然为资本主义产生的因素之一，美国个人权利义务高涨的结果，造成美国法律重视个人主义方面的大量立法，使个人自由选择生活方式，就业机会、人种平等、男女平权等之有关个人的一切权益使其达到个人最好的选项（personal best）的目的。而落实这一类的愿望及要求，除了制定各种各类的法律规范之外，使这些个人或机构真正能享有这些权利的是美国法院的责任，除了法院之外，尚有美国的各级政府、员警部门、联邦及州等之各级政府机构公权力的行使，如有纠纷，美国各级法院的判决为最后的裁决者。例如在公元2000年美国总统大选发生计票纠纷（*Bush v. Core*），美国最高法院最后判决布什胜出，即为一很好的说明。

美国在21世纪的法治走向如何？20世纪已看到美国社会的全面法治化（Society is too thoroughly legalized），在这一基础上，考虑到美国社会中的个人主义等的各种需求，大量立法以符合及落实彼此间的需求是不可避免的。法律立法爆炸（law explosion）？有可能，多方立法将是未来走向文化的一部分，因为美国社会秩序的维持将依赖法律的保护，这已是人民根深蒂固的观念了。

第九章　法律百科全书

法律百科全书（legal encyclopaedias）的目的是以系统化、文学化的方式对各种问题所涉及的法律事件进行介绍。百科全书囊括的范围越广泛，其用途也越大。一本综合性的法律百科全书，例如《霍斯伯里英国法律大全》（Halsbury's Laws of England）可以对律师在日常执业过程中遇到的法律问题进行指导。或许某一领域的法律教科书对该领域的介绍会更加全面及深入，不过将各个领域的法律教科书编纂在一起，不但在规模上过大而不适用，而且所费也太高。

法律百科全书主要被用于法律研究的初级阶段。通过查阅一本法律百科全书，律师可以找到其正在研究的某个问题的一般处理方式，以及该问题所涉及的相关案件和法案规定情形。百科全书的内容一般都很容易理解，即使你对于某问题知之甚少，你也可以轻松地理解关于该主题的百科全书中的内容。因为法律百科全书的主要目的便是简明扼要地解释法律是什么，因此法律历史性以及关键性的资料都被控制在最小的范围内。

大部分的法律百科全书由字母顺序排列的若干专题组成。每一个专题所涉及的范围都非常广，例如航空法、刑法、契约法、国家与公民等。现今一名执业律师想要对各种不同法律领域中都能指出精确的描述显然是不可能的，也是超出其能力的。因此，现代法律百科全书是许多专业法律学者共同努力的结晶，因为每一位撰稿者几乎都是相关领域的专家，而编纂完成一本法律百科全书需要数年的时间。在编纂过程中，法律并不是静止不动的，有时当百科全书结集出版时，其中的一些章节的法律条文已经修改或失效。倘法律百科全书出版后，相关章节的法律发生了变化，该百科全书的补遗篇将会标示出这些变更以符合需要及作为参考。

第一节　《霍斯伯里英国法律大全》

《霍斯伯里英国法律大全》是最著名和使用范围最广的英国现行法律百科全书。英国出版公司 Butterworths 在 1907 年到 1917 年期间出版了该书的第一版本,当时的英国首席大法官霍斯伯里(Lord Halsbury)勋爵担任主编。第二版出版于 1932 年至 1942 年,Hailsham 勋爵担任主编。第三版也就是现行版出版于 1952 年至 1963 年,由 Simon 勋爵担任主编。

该书的内容按照一些大的主题进行安排,这些主题则按照字母排列顺序进行安排。书中每一章的开头都会有一个主题分析以及与该书中主题相关的其他章节列表。每一个主题又被分为若干章节,每一章节的内容又被细分为若干标号段。每一卷都会有自己的引用案例、制定法(statutes)一览表和该卷的主题索引。当你要寻找特定主题资讯时,最好是从总主题索引(general subject index)开始,而不是依各章的主题索引去找。在第三版中,总主题索引是在第 41 卷和第 42 卷中。在第 43 卷中包括所有制定法一览表,以便查找。

累积补遗版(cumulative supplements)为每年的 4 月出版发行,将前一年10 月 1 日起至次年 4 月间的最新法律变动情形收印在内以作为补充。活页的《现行法律服务版》(current service)将提供新近的法律资讯。在《现行法律服务版》的开头,读者会在页面的一侧发现一个列表,罗列出了主要作品的卷号和段落号,与之相对的另一侧,则是《现行法律服务版》中评注(annotations)的号码。这些评注按照编辑者编辑的日期进行排列。这些评注,系根据法律百科全书主丛书的卷号、标题和段落号次来安排内容。第二版和第三版《霍斯伯里英国法律大全》的澳大利亚指引(Australian Pilot)比照原版的标题和段落列出了澳大利亚的判例法和制定法的资料。第二版的“澳大利亚指引”由“补充手册”组成,该“补充手册”被放置在第二版相关书卷的结尾。第三版的“澳大利亚指引”则是以单行本出版。该指引不具权威性也不包括原文资料。此版本未能保持随时更新,因此研究者应注意该指引出版后,立法上是否有新的变化以及是否有新的判决产生①。

《霍斯伯里英国法律大全》作为各种法律研究的开端,具有非常重要的价值。但是读者应该铭记的是该书对任何问题的处理方式并不具有权威性,对问题的阐释往往不够全面和审慎而流于武断。例如在澳大利亚,法律学者要找相关资料时,读者应该经常查阅“澳大利亚指引”以确定《霍斯伯里英国法律大全》中的资料是否与澳大利亚本地的情况有关。前面还提到

---

① 在一些案件中,第一版和第二版的《霍斯伯里英国法律大全》对澳大利亚律师而言比第三版更有价值。第三版中的某些法律并不适用于澳大利亚,而第一版和第二版中的英国法律虽然在英国不再适用,但在澳大利亚仍然有效。如果对于某法律存在有疑问,最明智的做法便是将三个版本相互加以对比。而《霍斯伯里英国法律大全》中的每一个主要章节都是由不同的作者完成,作者的名字在每一卷的开始部分列出,每一个版本某一部分的作者也经常发生变更。

的"新西兰指引"和"加拿大指引",它们也为我们提供了其他英联邦国家的
法律情况作为参照。

第二节 美国法律百科全书

两个最重要的美国法律百科全书分别是《美国法理学》(American Juris-
prudence)和《美国法大全》(Corpus Juris Secundum)。与《霍斯伯里英国法
律大全》一样,这两本百科全书的汇编者都采取了字母顺序来安排主题。而
且这两本百科全书也都是采用"年度累积补充手册版"的方式来保持法律
的更新。想要进一步了解这两种百科全书的使用方法,可以参阅 Roalfe 编
辑的《如何查找法律》(How to Find the Laws)和 Price 及 Bittner 合著的《有效
检索法律》(Effective Legal Research)。

第十章　综合性法律著作、字典以及其他二手法律资料

本章将涉及不同性质的各种法律书籍,包括综合性法律著作、字典以及其他二手法律资料如法律汇编、法律格式文本、法律实务指南、开业律师名录和律师年鉴等。

第一节　综合性法律著作

综合性法律著作(treatise)的范围和种类非常广泛。大部分法律著作的目的便是系统化、叙述式地阐释某些主题的相关法律。法律专业学生在他们学习过程中遇到的大部分法律著作便是教科书。写作教科书的目的是为读者提供相关指导,所以其覆盖的范围相当广泛,例如侵权行为法、契约法或不动产法等。教科书基本是对宏观原则的介绍而不是细节的阐述,所以如果想要查找某些特定问题的专门处理方式,读者不得不查阅其他书籍或者法律期刊。但这并不意味着只要通过了法律考试,法律教科书便没有意义了。读者并不能记住教科书中的所有内容,因此一名律师在其研究某一法律问题过程中还是需要像其学生时代一样查阅某一教科书。

教科书以及专门法律著作可以作为法律检索的开始阶段。该类书籍能够帮助读者对问题有所了解并提供一些富有成效的检索途径。它们还会为读者提供一些相关法律的次级法源。当然想要从这些书籍中获益,读者必须对他检索的内容有所了解。例如,如果一名律师想要查找一本书来帮助自己为一名被邻居的狗咬伤的客户提供咨询时,首先需要知道该案件是否属于侵权行为法的范畴,具体来说,是由动物导致人员受伤的损害赔偿责任的法律问题。

那么律师或学者又是如何找到那些对自己有帮助的法律书呢?在他们的求学时代,通常会听到一些课程表中所列法律课程的经典著作,尽管他们也许没有机会去阅读或者查阅这些著作。同时一些文章的注脚(footnotes)中也提供了其他一些重要法律书籍的线索。想要查找更多的书籍,明智的方法便是查阅综合性法律图书馆的主题目录,该目录将会显示该图书馆所

收藏某一主题的那些书籍。当然并不能保证图书馆里收藏所有相关书籍，如果手上的问题需要加强全面的研究，例如一起正在上诉的案件，那么就需要从其他的相关书籍或新近出版的书中寻找。在此情况下，出版商目录、重要法律图书馆书目的印刷版目录将会发挥作用。不幸的是，根据主题事项进行分类的法律图书书目比较少，对于澳大利亚律师或英联邦国家的法律有兴趣研究的学者最有用的书目是 Sweet and Maxwell's 出版公司于 1955 年至 1964 年出版的《英联邦国家法律图书目录》的第二版，该书由七卷组成：

 1. English Law to 1800（1955）

 2. English Law from 1801—1954（1957）

 3. Canadian and British American Colonial Law from Earliest Times to December, 1956（1957）

 4. Irish Law to 1956：Together with a List of Roman Law Books in the English Language（1957）

 5. Australia, New Zealand and Their Dependencies from Earliest Times to June, 1958（1958）

 6. The British Commonwealth, excluding the United Kingdom, Australia, New Zealand, Canada, India and Pakistan（1964）

 7. The British Commonwealth, excluding the United Kingdom, Australia, New Zealand, Canada, India and Pakistan（1964）

以上这些书目都根据作者序排列书籍，但是每一卷都会有一个主题索引用以指明某一主题下相关著作的作者姓名。

此外还有一些美国法律图书书目也列出了英联邦国家以及美国的法律书籍。1953 年纽约大学法律藏书目录便非常有价值。该目录中的书籍按照主题事项进行排列，而且其中列出的每一本书都有相关的评注用以说明该书的主要内容。1965 年已出版两本现行法律书籍（law books in print），内容全面更新，但是没有书籍评注。哈佛大学法律图书馆从 1961 年开始出版《年度书目》（Annual Bibliography），该书目根据法律的主题和国家而对书籍和文章进行排列及分类。该《年度书目》系列通过一本名为《现行法律图书书目》（Current Legal Bibliography）的期刊保持更新。由美国法律图书馆协会（American Association of Law Libraries）出版的《现行法律及相关领域出版物》（Current Publications in Legal and Related Fields）作为现行法律出版物非常重要的资讯来源，它每月除 6、7、9 日以外，每月出版一次，并最终集合为年度合订本以便参考。国际法方面最重要的书目便是由哈佛大学法学院图书馆自 1965 年起出版的《国际法以及国际条约书目》(Catalog of International Law and Relations)。哈佛大学的总目录以及图书目录也列出了很多法律书籍可以参考。

　　除了英美法的法律图书目录之外,当然还有国外法律体系的图书目录。随着国际商业的发展和学者对于比较法研究兴趣的日益浓烈,这种类型的图书目录也变得越来越重要。1949 年,国际法律科学协会(International Association of Legal Science)建议各国应该以英文来撰写该国的法律图书书目,一些国家已经开始出版英文资料。哥伦比亚大学外国和比较法派克(Parker)学院也支持上述倡议而出版了相关出版物。Charles Szladits 于 1959 年编写的《外国法律材料指南》(Guide to Foreign Legal Materials)出版了包括法国、德国、瑞士等国在内的法律材料指南,以及德国比较法协会于 1964 年出版了《德国法律图书目录》,均为此次倡议活动的成果。

　　有时候当检索到的多种书籍都和研究的问题相关时,研究者将会面对如何取舍书籍的困境。如果每本书中只有几页与该问题相关,那么研究者或许可以对这些材料全部加以应用。不过如果他必须阅读整本书或者一本书中的大部分时,那么查阅太多的书籍便成为不现实了。律师当然想要挑选出最好以及最权威的书籍以便解决某一法律问题。而合格的法律图书管理人员应该能够提供一些建议以便找到适当的书籍。法律期刊中的"书评"也可从中得到帮助。

　　当一本书被再版了几次,那么就不需要阅读所有的版本,查阅最新的版本就足够了。老版本也有自己的用途,在某些情况下,旧版比后面的新版本具有更大的价值,这要看当时的情况而定。而法律学者需要特别注意图书出版的年份。法律是在不断变化的,一些法律比其他法律变化的更快,因此许多法律书籍或许几年之后就过时了。为了解决这个问题,后继的版本以及相关补遗版会相继出版,但是即使版本以及补遗版都是最近版本,也还是需要查阅一些现行的法律最初法源(primary sources),以了解是否有遗漏。因为从书籍完成草稿到印刷上市,中间还有一段时间的间隔,在这段时间里相关的案例或立法都可能发生变化。

　　英联邦系统下的英美法国家在查阅法律书籍时应如何自处,因为有些英联邦国家在立法方面还存在一定的缺陷,所以这些国家的律师仍然严重依赖英国的法律书籍作为参考或引证。如果涉及的法律为判例法,还不会产生什么不方便,但是如果涉及的法律为制定法时,那么英国的法律书籍的使用就应当谨慎。

一般而言,英国和美国的法院不会接受法律著作中的陈述或意见作为法律的权威表述。一个有争议的法律问题,如果有相关的司法判决或立法可作依据时,其效力优先于法律著作。曾经有一个惯例是除非作者去世,否则法庭不得援引其著作作为判决依据。主要是因为如果允许在世法律书籍作者的著作被法庭援引判决,那么当该作者一旦作为辩护律师时,便可以援引自己的著作以为依据来辩护案子。不过这种情况发生的可能性非常小,近来法院开始放宽这个限制。例如,澳大利亚最高法院的一些判决中已经提到了一些在世作者的著作及文章,但这种情况只发生在法律条文不够清晰或无法解决问题的时候作为参考。当然,法官也可以在他们的判决中写入对法律学理阐释的态度或意见。

一些古老的英国法律著作几乎和法律的初级法源(primary sources)具有同样的权威性。在英国法的形成时期,案例汇编还不是很发达,在许多案件中,司法判决的唯一记录便在那个时期的法律书籍中出现。1187 年 Glanvil's De Legibus 和 1256 年 Bracton's De Legibus et Consuetudinibus Angliae 被认为是对中世纪早期法律的最重要法律阐释者。Littleton 在 15 世纪后半期撰写的著作《土地法》(Tenures),长期被认为是不动产法律的一个最重要法源。爱德华·科克(Edward Coke)的《法学总论》对英国法的发展影响了数十年之久,该书 1628 年的第一卷对土地法进行评论;1642 年的第二卷是关于当时制定法(statutes)的评注;1642 年第三卷是关于刑事诉讼的专论;1644 年第四卷是关于各级法院管辖权的论述。英国大法学家威廉·布莱克斯通(William Blackstone)的《英格兰法律注释》(Commentaries on the Laws of England),以其在牛津大学的一系列讲座开始,于 1756 年第一次将其讲座内容出版,出版后在学界享有极高的声誉①。

第二节 法 律 汇 编

法律汇编(restatements)在普通法中占有很独特的地位。在某种意义上法律汇编是将普通法判例法典化过程的一部分,不过因为其未经权威立法机构颁布,所以并不具官方的正式制定法的效力及权威性。法律汇编由

---

① 想要进一步了解英国法律经典著作可以参见 T. F. T Plucknett 的《普通法简明发展史》(A Concise History of the Common Law)(第五版,伦敦,1956,第 252—289 页)。同时 G. W. Paton 的《法理学教科书》(第三版,伦敦,1964)对英国法受到法学理论影响的情况作了很精彩的概括介绍。

美国法学会（American Law Institute）出版,美国法学会是在 1923 年于美国成立的非官方组织。该学会试图将美国大部分州的现行普通法的判例原则作系统化、简单化的整编。美国为一个拥有 51 个州独立管辖权的国家,无论是对于通过不同管道发展的普通法还是对于相似案件作出不同判决的各州法院都开始具有一种寻求统一性的倾向,以方便各州法院有所依循。

法律汇编从大量的先例中遴选出最有价值或最重要的规则集积成篇出版。编撰汇编耗费多年时间及金钱,且凝聚很多专家的劳力,许多大学法学教授、法官、律师等参与其中。目前法律汇编囊括的领域包括契约法、侵权行为法、州际冲突法（conflict of laws）、代理法（agency）、回复法（restitution）、担保法（security）、判决法（judgements）、财产与信托法（property and trusts）等。关于代理法、侵权法和信托法的第一版汇编已经被汇编的第二版所代替。还有一些补充版对汇编进行修正和补充。每一种汇编都有一个主题索引等;第一卷汇编（Restatement I）于 1932 年出版,第二卷汇编（Restatement II）于 1980 年出版。由于法律汇编编纂的细致以及其所体现出来的学术水准,美国的律师和法官都对法律汇编给予很高的评价,经常作为法院判决的依据。英国及英联邦其他国家如澳大利亚的法官有时候也会查阅该汇编,加以引用参考①。

第三节　法律格式文本及实务指南

法律格式文本(form books)能够帮助律师起草法律档。法律档写作需要极为精准而确切的语言,一旦出现错误,客户将会遭受不必要的损失。在一些案件中,往往因粗心大意造成文书起草者的过失,而需负职业过失责任。因此法律格式文本为律师提供了各种法律文书的样本,在适当的案件中,律师可以按照自己的需要复制或者采用相应的模式。一些格式文本为财产转让的文书样本,另一些格式文本则为诉讼中的文书样本。

财产转让文书样本的例子便是英国出版的《格式样本及判例百科全书》(Encyclopedia of Forms and Precedents),可供参考选用。美国也出版了

---

① 除了法律汇编外,美国法学会还主编了《示范性刑事程序法典》(Model Code of Criminal Procedure)、《示范性证据法典》、《统一刑事法典》、《统一商法典》。其中最后一部的《统一商法典》是与美国统一各州法规委员会共同编著的。该委员会的主要目的是促进各州立法的统一。由该委员会起草的一些立法草案已经被美国很多州所采纳。爱德华·汤姆森（Edward Thomson）公司已经出版了一系列重新制定的统一法案并且标明了其被采纳的范围。

一大套约三十本的 American Jurisprudence Legal Forms 并附注解。全套样本,内容完备,包括所有的法律文书样本。出版商每年均提供最新的补充版样本以便查考应用,非常适用,为涉外法律事务所必备的工具书。

法院文书样式均采用法律的规定或法院所规定的方式。但是在一些司法管辖的法院,出版一种法庭记录及与法庭使用的格式有关的所有法律书籍。该等书籍还会记录法庭的规则、文书格式以及注解等。这种书籍被称为实务指南(practice manuals)。最著名的英国年度实务指南便是"白皮书"(white book),此书为英国高等法院民事诉讼程序的标准参照文本,为当事人在民事诉讼方面的重要参考资料。Archbold's 刑事法规和实务(Criminal Law and Practice)是另一种英国刑事实务指南,与上述的"白皮书"一样有价值。而《阿特金斯民事诉讼程序法庭文书大百科》(Atkins's Encyclopedia of Court Forms in Civil Proceedings)于 1963 年出版,共有 41 卷,收集了各种民事诉讼的法庭文书格式,是英国司法实践的工具书。

第四节　字　　典

法律,像许多其他学科一样,具有自己的专业词汇。一些单词和短语在日常对话中不会出现,另外一些单词和短语虽然在日常对话中出现,但在法律语言中却具有不同的意义。对于初学者来说,法律语言就好像是一种外国语一样。就某种意义而言的确如此,英语在法律用语中占有支配性地位,法律用语中包括许多拉丁文及法文的单词和片语(phrases)在内。

早期的数世纪以来,拉丁文一直是欧洲大陆的用语,在征服者威廉公爵(William The Conqueror)率领诺曼人征服英格兰之后,拉丁文变成英国法律的主要书写文字,重要的法律档都用拉丁文来书写。一些重要的法学著作,例如 Glanvil's 和 Bracton's 的法律大作也是用拉丁文写的。直到 14 世纪,拉丁文还是立法所使用的语言。18 世纪早期英国才正式立法禁止在法律领域中使用拉丁文。在大力推广使用英文之前,英国法院所有的书面起诉状和法庭记录都是使用拉丁文书写的。此后,拉丁文还是不能完全在法律用语中消除。历经数世纪之后,一些拉丁文的法律单词和片语已经变成了一般的法律词汇,使用的结果也不会造成误解。在此需要强调的是,现在被律师使用的拉丁文并不是古罗马时期(公元前 80 年至公元 180 年)的古典拉丁文,而是中古拉丁文的一个变种。律师们所使用的拉丁文已经发生了很大的变化,它具有自己独特的用法和发音。

　　与一般的观点不同,征服者威廉公爵并没有将法语强加予英国民众及英国法院。直到征服后几十年,法语才进入了英国的司法领域。诺曼人征服英国之后,法国人大量涌入英国,司法领域采用法语和英语的双语模式也就变得非常必要。到了 13 世纪中期,英语还是大部分英国人的主要语言,不过法语渐渐成为受教育阶层及上层人士的第二语言。随着英语逐渐成为日常性用语,法语则取得了法律用语的支配地位。法庭用语、判例年鉴以及许多专业法律著作都采用法文。没有人明确知道这个变化是如何发生的,最新的一种观点则认为通过使用贵族和富人才精通的法语,律师们可以垄断法律专业。

　　律师们所使用的法语并不是现代法语,而是古典法语的一个变种。诺曼人说的是古法语中的一种方言,这种方言传入英国后与其他因素结合产生了特殊的方言,被称为诺曼法语(Anglo-Normans),该法语自诺曼人征服英国之后在当地开始使用。现在被律师所使用的法语便根源于这种方言。但是随着时间的推移,律师用的法语逐渐发展并最终成为一种独立的语言,被称为法律法语(Law French)。法律法语传承了几代之后,最终逐渐消亡。英国在 1731 年通过了一部法律,该法律规定自 1733 年 3 月 25 日开始不得在任何法律程序中使用法律法语。

　　该法令也同样禁止在法院使用拉丁语,不过它并不能完全消灭这两种"外国"语在法律界的影响。过去两百年里,法律法语的词汇逐渐融入英语,而且许多专业词汇仅能通过法语进行表达。这种法语和英语混合的法律语言很早便出现。1362 年,一部法律规定诉讼抗辩应该使用英语而非法语,而法庭记录则使用拉丁文。在现代实务中,律师们仍坚持使用法语,简单的原因便是在英语中找不到相对应的专业词汇。所以说英语最终占据主导地位的很大一部分原因应归功于法语。

　　现代律师如果不清楚某些法律专业词汇的意思,可以借助专门的法律字典来寻求帮助。最全面的现代英语法律字典是 Earl Jowitt 编著的《英国法律字典》(The Dictionary of English Law)(伦敦,1959 年),其他比较好的字典还包括 Stroud 的《司法字典》(Judicial Dictionary)(第 3 版,伦敦,1952—1953 年)和 Wharton 的《法律词汇表》(Law Lexicon)(第 14 版,伦敦,1938 年)。不过这些字典都很昂贵,对于学生而言,篇幅稍小而价格便宜的字典应该更加实用。例如 Osbornes 的《简明法律字典》(Concise Law Dictionary)(第 5 版,伦敦,1964 年)值得推荐,它的优点在于拥有一个相当完整的字母顺序表。另外一本不是很贵的字典是 Mozley 和 Whitely 的《法律字典》(Law

Dictionary）。

　　法律单词和片语的意思有时也会被法庭作为判案依据。判例法的判例摘要都会将这种案子列在名为"单词和片语"（words and phrases）的标题之下。此外 Sir Roland Burrows 还编辑了一个五卷的系列丛书，名为《单词和片语的司法定义》（Words and Phrases Judicially Defined）（伦敦，1943—1946年）。随身补充手册还提供了澳大利亚、加拿大和新西兰的相关案例在内。尽管已经有些过时，不过 1939 年 Broom 的《法律准则》（Legal Maxims）一书也是出于和其他字典同样的目的，但该书不是很全面。

　　如果读者想要阅读未翻译的法语判例年鉴和早期的用法律法语撰写的有名案例汇编（截至 1704 年都是用法律法语进行编写的），可能会发现相关的辅助阅读工具非常少。1718 年出版的《法律法语字典》（Law-French Dictionary）有些作用但并不显著。The Selden Society 出版的《法律法语词汇表》（Glossary of Law-French）亦可参考。

　　在一般的法律字典中都会找到日常使用的拉丁词汇的含义。《拉丁文律师手册》（Latin for Lawyers）（第 3 版，伦敦，1969 年）也可提供帮助。

　　融入法律英语词汇的法语和拉丁语单词，其发音也比较特殊。大部分拉丁词汇的发音都已经变成英国化了，相关例子可以参见 Glanville Williams 所著的《学习法律》（Learning the Law）（第 11 版，伦敦，1999 年）一书。法律法语单词的发音也类似于英语单词，Glanville Williams 表示："按照现代法语发音是错误的。"大部分法律单词的正确发音方式可以在《简明牛津英语字典》（Shorter Oxford English Dictionary）中找到。Ballentine 的《附发音法律字典》（Law Dictionary with Pronunciations）和该字典的补充版提供了法律英语单词的美语发音方式。

第五节　开业律师名录和律师年鉴

　　在司法实务中，一个城市的律师要求另一个城市的律师完成不能在本地完成的工作是非常普遍的现象。例如在澳大利亚，乡村律师一般需要依靠大都市律师为其填写法庭档以及登记移转土地所有权登记等事项。当一件事情发生在内陆各州或者国外，那么其他司法辖区的律师可能也会被涉及。为了找到其他律师和律师事务所的名字和地址，律师需要借助开业律师名录（law lists）。澳大利亚和新西兰都有自己的开业律师名录，英国的律师名录列出了英国的所有律师及大律师、法院及其他官员的名字。Butterworth 出版公司出版的开业律师名录则包括了所有英联邦国家和若干其他国家的执业律师名单。与之类似的美国出版物为《Martindale-Hubbell 律师名录》(The Martindale-Hubbell Law Directory)、《律师清单》和《律师名录》等。

《律师年鉴》(law almanacs) 是一本期刊,为律师提供随时更新的法庭组成、法院办公室以及法院审判时间的相关资讯。它还包括法院费用一览表和相似资料等。

第十一章　法　律　期　刊

法律期刊(legal periodicals)的范围和种类非常庞大。19 世纪末以前，英语法律期刊的数量还很少，时至今日已经有几百种法律期刊而且数量还在不断增长之中。

对于法律学者来说，法律期刊是一个非常重要的"研究成果展示市场"。期刊文章涉及很多问题，在其他地方都不会被讨论或被深入讨论，对某一问题的研究也比教科书和综合性法律专著全面及深入得多。期刊还为法律批判者和不同法律见解者提供了不同观点交锋对话的平台。许多法律期刊的目的便是让法律专业人士了解最新的法律发展。

一些法律期刊就是为了迎合法律专业人士的需要，或满足部分专业人士在特定领域的需求而出版的。这种类型的期刊包括由律师公会(Bar Associations)和法律协会(Law Societies)出版的报纸以及公报。实务类期刊的内容包括近期案例和对最新立法的评论、实务指南以及一些关于某个实务问题的评论短文。

一些学术性期刊，比如《法律评论季刊》(Law Quarterly Review)、《现代法律评论》(Modern Law Review)以及《澳大利亚法律期刊》(Australian Law Journal)，都是分别独立出版，不过现在大部分的学术期刊都是由大学法学院教师编辑出版的。在大学法律评论最发达的美国，学术杂志一般是学院老师监督下由学生编辑委员会负责编辑出版的。现在一些澳大利亚的大学法律评论也采取了这种方式，但是学生编辑还是会受到大学专业教师严格的指导。

学术性期刊一般都需要遵循一定的标准格式。至少一半的期刊内容是由法律系老师、法官和法律实务工作者撰写的指导性文章。还有一部分是学生编辑的对近来司法判决的评析。另外还有一部分是众多法律问题的短评，该部分通常被称为"评注"(notes)或"评论"(comments)。有些期刊还包括对新近立法情况的评析。杂志的最后一部分通常都是对最新法律书籍的评论。

大部分的法律杂志都是非专业性的，不过也有只介绍某一个特定法律领域或者几个相关的法律领域，例如航空法、刑法、家庭关系法、工业法、法理学、公共法以及税法等方面的专业法律杂志。还有一些法律杂志是与法医学和法律犯罪学有关的专刊。

第一节　法律期刊索引

几乎所有法律期刊的装订合订本都有自己的索引。一些法律期刊,例如《澳大利亚法律期刊》、《哈佛法律评论》(Harvard Law Review)、《法律评论季刊》、《现代法律评论》及耶鲁大学的《耶鲁法律期刊》(Yale Law Journal)等还拥有涉及若干合订本的综合性索引,以供查考。

想要寻找某一主题的期刊文章,则必须借助于涵盖若干种期刊的综合索引。最主要的该类索引包括《Jones-Chipman 法律期刊索引》(Jones-Chipman Index to Legal Periodicals)(共 6 卷)和《法律期刊索引》(Index to Legal Periodicals)。前者的索引范围起自 1803 年至 1937 年,其中第一卷的索引期间自 1803 年至 1888 年等。

《法律期刊索引》的索引期间为 1908 年至今,它的索引比较全面。其中 1908 年至 1925 年每年都有年度合订本。不过在此之后,年度合订本被 3 年期合订本所代替。目前,每月都会出版为新近的材料提供的索引(9 月除外)。每月索引随后被合订为季本、半年本以及年度索引本等。最后是将 3 年的年度合订本综合为 3 年期合订本。

《法律期刊索引》现被分为三个部分:主题—作者(subject-author)索引、案件索引(case index)和书评索引(book review index)。1961 年之前,作者索引是一个单独的部分。主题索引是根据文章以及评论所涉及的主题性质而编写的。主题的范围非常广泛而且不再以某种方式进行细分。同一主题的文章和评论按照其标题或者标题关键字的首字母顺序进行排列。当作者署名文章出现时,主题索引位于作者名称之后。从第六卷开始(1940年),在作者名称和主题的后面还会加上一个圆括号字母,该字母为文章标题第一个词的第一个字母。例如"Jones, Arthur M., Torts(O.)"意味着该文章为 Jones 撰写,其主题为侵权法,而且其标题的首字母为 O。1917 年开始出现案例索引,书评索引则是在 1940 年出版。1940 年之前,书评索引是主题索引的一部分,其主题为"书评"。书评索引根据涉及书籍作者的名字进行索引。

《法律期刊索引》中的所有期刊都使用简称。在每一卷的开始,都会有一个简称一览表。该一览表可以用来查找任何不熟悉简称的意思。

1960 年开始,伦敦大学法律研究所和美国法律图书协会共同开始出版一种季刊,名为《外国法律期刊索引》(Index of Foreign Legal Periodicals)。每年最后一季的季刊都会将前三季的季刊整合在一起,装订为年度合订本出版。该年度合订本又被整合为 3 年期的合订本。该索引的索引范围涵盖了 260 种期刊,为所有 3 页或 3 页以上的文章以及 2 页或 2 页以上的书评提供索引资料。该索引分为三个部分:主题索引、地区索引和书评索引。被索引的期刊名称仍沿用其本国文字,除非该种文字为非罗马字母文字。

有时候一些法律文章会在非法律期刊上发表。直到最近仍然没有很好的方法查找这些文章,读者不得不通过大范围的查找各种期刊的概括性索引进行检索。1958 年出现了一种双月刊,名为《与法律有关的期刊文章索引》(Index to Periodical Articles related to Law)使得检索非法律期刊中的法律文章的问题得到了某些解决方法。《现行法律汇编》(Current Law)也提供了英语法律期刊索引。

第二节　法律期刊摘要

1928 年开始,美国商业票据交换所(Commercial Clearing House)开始出版《法律期刊摘要》(Legal Periodical Digest)。该活页出版物摘编了从百种以上的英语法律期刊中精选出来的文章。它还摘编了案例评析中的若干相关案例。1928 年至 1941 年的摘要拥有一个综合性主题索引。以后每两年期的摘要都会有一个主题、作者和案例索引,以及根据文章题目字母顺序排列的文章一览表。

想要查找《法律期刊索引》中的索引文章是否已经被摘要出版,需要参阅相关期刊标题、卷号以及页号下的援引参考列表。1928 年至 1941 年的摘要拥有一个综合性援引参考列表,以后则每两年有一个综合性援引参考列表出版。

第十二章 法律文献研究

律师以及法学学者在其执业以及研究过程中,需要不断地研究法律文献以便发现某个特定问题的法律原则。人类的记忆对这些知识的存储是有限的,而学者及律师在司法实务中面对的各种法律问题却是无穷尽的。

需要研究的问题有些很简单,例如新近的法律规定或具拘束性的司法判决直接对该问题有所依据。有些问题却很复杂,复杂的程度将会影响法律研究方法的选择,不过所有法律文献研究的目的都是一样的。

第一节 法律文献研究的目的

法律文献研究(legal research)的目的可以归纳为搜集与特定问题有关的权威性(authoritative)材料。那究竟什么是权威性材料呢?权威性材料一般由现行法律和司法判决组成。司法判决又被细分为具拘束性的法律原则(binding)和具参考或说服性的(persuasive)法律。如果该判决符合下面的两个条件,那么便具有了拘束性:

(1)该判决是由同一管辖区内的更高一级法院作出的判决(有时候也可能是同级法院所作出的判决)。

(2)该判决直接与研究的问题相关。当然,认定一个判决是否与要研究的问题直接相关时,存在理论和实践上的困难。

如果上述两个条件中的任何一个不能符合所研究的问题,那么该判决也只能成为说服性的法律依据。

有人可能会对上面提到的法律文献研究的基本目的持反对意见,认为上述基本目的过于强调诉讼,而律师需要处理的大部分情况都没有诉讼发生。在此情况下,全面的法律研究将会导致资料资源的过度使用。对这个疑问的回应比较简单,法律文献研究的目的是为法律咨询(legal advice)奠定良好的基础。在为一个客户提供咨询之前,律师自己首先需要弄清楚相关的法律问题,如有必要进行诉讼时,律师还需要让法官相信他所研究的结论存在具权威性,法院可支持的法律原则适用在本案,且该法律原则可以恰当地解释和指导双方所争议的问题。未能做好法律文献研究不但会使所提供的咨询意见不完整和不准确,甚至还会导致给当事人提供错误的咨询意见。律师除了应当避免职业过失之外,当然也不会甘于被人视为平庸。当诉讼有出人意料的结果发生时,再对已经发生的过失进行弥补就为时太晚。因此在法律文献研究时,应当建立在双方当事人随时可能发生诉讼的基础之上,以给当事人提供最正确的法律意见。

从事法律文献研究时遇到的最大困难可能就是浩如瀚海的权威性资料。如果所涉及的问题比较简单,并且常常在实务上发生,那么一个有经验的律师便能够很轻易地从图书架上迅速找出与该问题相关的制定法或判例法汇编作为参考应用。但是这种知识的储备很快就会被耗尽。当律师面对一个不常见的问题以及与该问题有关的资料数量多到令人恐怖的法律和司法判决时,该如何解决?

第二节　法律文献研究的方法

第一款　事实分析

解决法律问题的过程中,律师的第一个任务便是将本案相关的事实资料集中起来并确定它所涉及的法律问题为何。将事实资料集中在一起并不是一个简单的工作。客户没有受过法律专业训练,所以并不知道哪些是重要的有关事实。往往客户们认为很重要的细节可能没有任何法律意义,而一些客户们没有提到的"微不足道"的情况却对他们的案件可能有至关重要的影响。除非案件非常复杂,一名优质律师在与客户作第一次交谈时,从当事人所提供的事实陈述中就应该可以确定案件涉及的法律问题。一旦明了了问题,自然可用一种胸有成竹的态度来回答客户的询问或提供有关本案的法律意见。但有时很多与案件相关的事实还没有完全呈现出来,在开始作法律研究之后,律师会发现他的初期判断是错误的或者该案件比他原来想象的更加复杂。在这种情况下,需要向客户本人以及其他愿意提供帮助的人了解更多有关本案事实的资讯,再来作法律上的判断。

在搜集案件事实的过程中要记住客户看到的事实和其他人看到的事实并不是完全相同的。如果对一个事实有不同角度观察的可能性时,律师应当采取必要措施查明客户报告的事实是否能被其他人所证实。如果正在进行诉讼或即将发生一场诉讼,律师在提供其当事人法律咨询之前,必须要了解有哪些证据足以支持他客户的案件,哪些证据可以被法庭所采信。

通过面谈及通讯,律师比对所搜集的资讯,在事实陈述中按照合理的顺序加以排列,简化事实的分析。下面所举案例陈述将显示这些事实是如何被列出来的:

1965 年 7 月 17 日,有 Robert Smith 者拜访了 Cecil Ewart 先生开设位于 Shipton 地区的商店,想要挑选一个汽车上使用的收音机。他告诉 Ewart,他的父亲 Percival Smith 要他买一个车上用收音机。Robert 选择了一个价值 120 美元的收音机并告诉 Ewart 用其父亲的账户结账。

当老 Smith 收到账单后,他向银行询问与该收音机有关的支付款项事宜,当被告知发生的情况后,他否认曾经让其子代其买汽车用收音机的授权。他说他知道小 Smith 买了一个收音机,但是他以为那是小 Smith 自己掏的钱。他解释说那个收音机安装在小 Smith 的车上,而且那辆车已经卖给了小 Smith 的一个朋友 Ronald Bateman。

Cecil Ewart 在 Shipton 地区经营一个汽车销售和维修的修车厂。Percival Smith 则是一名畜牧农人,自 1963 年 Ewart 开始经营以来,老 Smith 一直是他的客户。老 Smith 的摩托车都是在他的汽修厂进行维修,而这些费用也都是通过老 Smith 的账户进行支付。小 Smith 是其父亲的雇员并代表父亲与 Ewart 进行交易。过去老 Smith 车上的所有零件都在 Ewart 汽修厂进行安装,而这次当小 Smith 挑选车上用收音机时,Ewart 询问他是否需要安装时,小 Smith 回答:"不需要,老头让我自己来安装这个收音机。"

现在老 Smith 和小 Smith 都拒绝付款,Ewart 想要知道他是否可以获得任何法律上的救济。

On July 17th, 1965, Robert Smith visited Cecil Ewart's place of business at Shipton and asked to be shown a selection of the best car radios in stock. He told Ewart that his father, Percival Smith, had instructed him to buy a radio for the new family car. Robert selected a radio costing US $ 120 and told Ewart to charge it to his father's account.

When he received his monthly bill from Ewart, Smith senior queried the item relating to the radio, and when told what had happened, denied having given his son authority to purchase on his behalf. He said he knew Robert had obtained the radio, but believed that Robert had paid for it himself. The radio, he explained, had been installed in Robert's car, but Robert had sold the car to a friend, Ronald Bateman.

Ewart operates a garage and car sales business in Shipton. Percival Smith, who is a grazier in the district, has been one of his regular customers since the business was opened in 1963. Smith's motor vehicles are brought regularly to the garage for servicing and repairs, and always the cost is charged to Smith's account. Robert Smith is employed by his father and has done business before with Ewart on his father's behalf. However, in the past, all parts and accessories for Smith senior's vehicles have been fitted in the garage. When Robert selected the radio, Ewart asked him whether he should install the radio. Robert replied, "No, the old man wants me to do the job."

Smith senior refuses to pay for the radio as also does Robert. Ewart wishes to know whether he has any remedy.

一名律师应当如何分析上述的事实情况呢? 一般人很难了解相关的法律问题,除非他具有一定的法律知识并能够一眼看出涉及的法律原则。在本案中,Ewart 的律师应该知道该案涉及契约法、代理法、动产法以及侵权责任的法律问题等。

第一个需要考虑的问题是老 Smith 作为买卖契约的委托人是否需要承担责任。非常清楚的是,老 Smith 并没有授权小 Smith 以他的名义购买该收音机,不过小 Smith 在此前的交易中一直作为老 Smith 的代理人。一名合格的律师立刻会意识到该案涉及契约法中表见代理的问题。法律已经明确规定,如果委托人的行为使他人在表面上确信其已经授权其代理人以他的名义签订某一特定的契约,且与该代理人交易的第三者也善意确信(bona fide)该授权已经被授予,那么委托人将受到该契约的约束,他不得以没有给予其代理人授权为由进行抗辩。其次需要考虑的问题是老 Smith 在汽车维修方面曾给予其子与 Ewart 进行交易的授权,那么购买收音机的行为在表面上是否也应该被确认为授权行为呢? 在回答这个问题之前,Ewart 的律师需要查找和阅读与契约法中表见代理方面有关的判例。

第二个问题是小 Smith 是否需要承担个人责任(personally liable)? 代理人是否应当对以主人名义(principal)签订的契约承担责任呢? 在某些情况下,答案是肯定的;但是如果委托人或主人的名字已经被披露出来,那么代理人将不用承担责任,除非代理人需要承担连带责任或单独责任(joint or sole personsibility）。如果小 Smith 有责任支付该收音机的货款,也并不是因为委托人的身份没有被披露或者其需要承担个人责任,他的责任应该是基于其与 Ewart 所签订的买卖契约。那么本案是否存在一个契约呢？小 Smith 以其父亲的名义购买收音机；Ewart 也相信自己将收音机卖给老 Smith。问题显然如 A 从 B 那里买了一些货物,并表示这些货物是以 C 的名义购买的,那么 B 的承诺其要约是否会在 A 和 B 之间成立一个买卖契约关系？这似乎涉及了错误签署契约的问题,也就是本案契约双方当事人中有一方的身份发生了错误。

倘 Robert 不需要对收音机支付价款,那么他是否因在本案中的虚伪意思表示（misrepresentation）而负有责任？在回答此一问题前,吾人必须考虑侵权行为法中的诈欺行为（tort of deceit）等要件在本案中是否得到满足而适用在本案。

本案需要研究的另一个问题便是 Ewart 能否要回其收音机？如果收音机仍然是 Ewart 的财产,他当然可以主张权利并收回收音机。那么他应该向谁主张权利呢？小 Smith 还是老 Smith？想要解决这个问题,就需要查阅与财产转移有关的法律。Ewart 的律师会告诉 Ewart 财产转移需要具备两个条件——交付和转移动产的意思表示。当签订了一个货物买卖契约时,例如车上用收音机,那么当契约成立时动产物品便发生了移转。Ewart 虽然已经将收音机交付给小 Smith,但是他的本意是将物品转移给老 Smith。不过由于相信老 Smith 已经授权小 Smith 以老 Smith 的名义进行交易,所以其转移物品收音机的意图没有实现。当然如契约不成立,那么收音机的交付也并不能改变物品的归属。

倘财产不是通过契约关系交付发生转移,那么当小 Smith 将收音机安装在自己的车上的时候,财产权是否发生了转移？A 的物品和 B 的物品混同在一起被称为添附（accession）,在一些案件中添附也具有转移财产权的效力。该案是属于这类案件吗？如果不是,那么应当对善意第三者 Bateman 应提起何种诉讼？请求归还非法扣留物之诉（detine）还是侵占财产（conversion）之诉呢？

仔细分析了上述所有事实之后,律师现在可以开始进行法律上有关本案的研究了。该案中需要注意的问题如下：

（1）小 Smith 作为老 Smith 的代理人,在与 Ewart 进行交易的过程中是否具有契约法上表见代理权？

（2）小 Smith 是否和 Ewart 签订了一个有拘束力的销售契约？

（3）小 Smith 谎称自己是其父亲的代理人是否需要承担责任？

（4）收音机的财产权转移给了小 Smith 还是老 Smith？

（5）如果小 Smith 和老 Smith 都没有获得收音机的物权，那么小 Smith 是否可以通过将收音机安装在自己的汽车上获得该收音机的物权？

（6）如果收音机仍是 Ewart 的财产，购买人（Bateman）在此情况下需要承担归还原物还是侵占财产的责任？

第二款　寻找权威资料

有效的法律文献研究的两个重要特征便是"速度"（speed）和"全面性"（thoroughness）。对于各种各样的问题并不存在一个唯一正确的研究方法。如果问题比较简单，而且知道在最近的判例中曾经对其加以讨论或在最近的制定法中对其有所涉及，那么便可以很快地找到该判例或该制定法来加以研究参考。因此，使用其他的研究方法显然是浪费时间。如果初步的研究便可以解答这些问题，那么进一步的研究本案仅是被用来确认对该案例或法律的解读的正确性以及对案例或法律的权威性深一层的了解。

但是在许多案件中，问题并不能得到轻而易举的解决。所需要的权威性资料记载在数量庞大的案例以及法律汇编合订本中，这时急需的是一把能够开启宝库的钥匙。我们所拥有的钥匙，虽然并不是十分令人满意，但其方式便是从法律百科全书、教科书以及判例摘要等二手资料中着手，进行寻找。只是它们仍然存在着非常严重的缺陷。例如索引有时候不是很精确，而索引术语缺乏统一性，索引是根据法律概念进行安排的，它并不能反映出各种相似的实际情况。①

美国西方法律出版公司研发出一种"主要数位"（key-number system）分类系统试图解决分类中存在的相关问题（关于该系统的具体介绍可以参考 W. R. Roalfe 著《如何查找法律》（How to Find the Law）（第 6 版，1965）一书）。

因迟滞的分类方法而引发的问题并不容易解决。即使是经验丰富的学者或律师有时候也不可避免地会遗漏掉一些重要的相关资料。律师避免这种遗漏的唯一方式便是不仅要检索直接相关标题下的内容，还应该检索其他相关标题下的内容。

---

① 如果你计划使用电脑来帮助法律文献研究中的纯机械工作量的话，可以参考 Colin Tapper 的《律师和机器》（Lawyers and Machines），1963 年，第 26 页。

法学研究者应当如何开始其研究工作？Price 和 Bittner 在《有效的法律研究》（Effective Legal Research）一书中，在"综合检索方法"（Coordinating the Techniques）一章中罗列了一些法律研究的方法。方法的选择主要取决于已有的资讯和待解决问题的性质。如果我们将这些方法放在澳大利亚的研究条件下进行考虑，可参考采用下列各方法：

（1）案例检索法（The Case Approach）：假定研究者已知道一个相关案例，便可以通过使用判例摘要和法律期刊索引查找到其他的相关案例和对这些案例的评论等资讯。

（2）制定法检索法（The Statute Approach）：倘研究者已知相关的制定法条文，便可以通过使用制定法注释或制定法摘要来查找相关判例作为参考。

（3）事实检索法（The Fact Approach）：这个方法依赖于可利用的索引（indexes）。如果索引是按照事实情况的事项进行分类的，那么该索引将会提供涉及该相似事实有关的判例和制定法寻找。

（4）分析性或概念性检索法（Analytical or Conceptual Approach）：大部分的法律出版物都会包含根据法律概念进行分类的索引。法律教科书的索引便是其中一例，而所有的法律百科全书和摘要也都会包含这种分类索引法。想要更好地使用这类索引，首先应当正确理解相关的法律概念。这些法律概念也是现存法律知识的一部分。

（5）单词和片语检索法（Words and Phrases Approach）：如果需要解决的问题涉及到特定单词或片语的解释，可以通过查阅法律字典、单词和片语司法定义字典等作为参考。

上述所列举的这些方法并非全面而绝对可以解决问题。一个新的法律出版物或许会带来另外一种新的法律检索方法，例如《美国注释汇编》（Annotated Reports）提供了另外一种检索法律问题的方法。在一些专门的法律领域，如刑法、税法领域等，工作繁忙的律师们可以借助其他方法更快地解决自己的法律问题。

尽管上面列举的五种检索方法非常有用，不过应该注意的是其中（1）、（2）、（3）和（5）的方式都仅适用于相对简单的法律问题。而大部分法律文献研究的起点是法律百科全书、法律教科书或者类似材料。基于这些书籍的组织结构，所以逻辑性和概念性检索方法便显得尤为重要。百科全书相较于教科书，有两个主要的优点：第一，它可以提供相关主题的相互参照。第二，它可以通过累积补充版来保持不断的更新。而教科书的优势则在于其分析的深度,但所涵盖的范围较小,所以法律百科全书有更多的细节分析。

因为法律百科全书和教科书的作者都试图将判例法和制定法的权威性材料组织成为综合性的、便于理解的法律原则加以说明,所以法律百科全书和教科书都包含了大量复杂而深入的法律研究。因此这些次级法源（secondary sources）成为法律文献检索的最好开端,不过研究者应该意识到这两类书籍并不能包括所有的相关权威资料在内。例如 2002 年出版的教科书所涉及的法律便是该书印刷时的法律,甚至有时候作者还会遗漏掉一些重要的立法和判例。这点研究者必须特别留意,确认此书是何时出版的,有没有将最新的立法及判例包括在内,如未将最新的立法及判例包括在书内,研究者必须将之找出,以免所研究的问题不完整及不全面,不能解决所要研究的法律问题,甚至得到了错误的结论。

如何使用法律百科全书和教科书找出所要的资料呢？如果涉及的问题是完全陌生的主题,研究者应该先浏览一下整本教科书或百科全书中的相关章节,然后在文章中显示标题并选择相关的材料加以研究。通过这种粗略的检索方法,大量的资讯会被收集在一起。另一方面,如果研究者对所涉及的特定问题比较熟悉,则可以通过使用相关索引将这些特定问题快速分隔出来。即使研究者开始采用浏览阅读的方法,最终还是必须使用索引以确定没有遗漏掉文本中的任何相关段落。

当研究者分隔出相关段落或可能相关的章节,必须马上开始作笔记。这些笔记应当包括节略的法律原则,以及支持及反对该法律原则的权威判例一览表,对法律原则持相反意见的权威资料必须一并注意作成笔记以为参考,因为相反的判决中可能会包含所要解决的法律问题的答案。

需要作多少笔记则因人而异。这些笔记必须能够使研究者对教科书、案例汇编以及制定法汇编中的相关材料作准确的搜集,而不需要再重新查找原始资料的版本。另一方面节略笔记本应当是非常精简而全面的,作为一种工具用资料不宜太冗长。一个研究者或许认为采用图表的方式会更有帮助,而另一个研究者则认为列表的形式亦无不可。只要笔记包含了准确的细节以及具全面性,在形式上没有什么限定,法学者可以采取不同的笔记形式,而任何一名研究者也可以根据涉及问题的性质改变自己的节略笔记的形式。

此外还需要不断地对所作的笔记进行修改,并应该在最初笔记本中为日后的修改和添加预留出一定空间。对相关权威性材料的修订直到研究结束时才会完成,这是一个持续性的过程,最终的答案也是在研究的过程中逐渐成形的。必须要强调的一点是按照我们建议进行研究的学者,会发现其研究结果将是一个相互关联的简单过程。另外还有一个更为重要但不太显著的原因,即研究者如果不能提供其详细研究过程的合理记录如:哪些问题解决了,哪些问题需要进一步收集资料等,则会令人对其研究结果持怀疑态度。如果一个研究者将其研究成果推迟到其搜集完所有现行相关材料之后再发布,那么当其阐释结论的时候,会被要求重新说明其在研究及收集资料初始阶段没有阐释完全的若干问题。此外,如果未能意识到其阅读的某些材料的重要性,极可能会遗漏掉一些重要的资料,因此查阅法律资料必须慎重严谨。一个思虑未尽周详的调研者即使避免了以上两种不愉快情况的发生,但对权威性材料的搜集也不可避免会重复,因此,没有效率的研究就是一个不好的研究。

第三节   文献研究的技巧

经常从事法律文献研究工作的人会接受两个显而易见的原则:

(1)将各种资讯(无论它是法律原则、判例、法律条文或其他事项)分别记录在单独的卡片或纸片上。这种被法律教科书的作者所采用的方法对于法律文献研究人员也同样有效。遵循该原则的个人会在一张卡片上记录相关的法律原则,而在其他若干单独卡片上记录支持该原则的权威性材料,最后将这些卡片整理到一起。这一做法有两个优点:一是在持续收集资料过程中,添加和修正材料变得简单易行。二是它可以通过重新排列卡片对相关法律材料进行重组,而不需要花费时间再重新书写。

(2)在卡片中应确保每一个法律原则、判例和法律条文的第一次记录尽可能的完整。因为查找含混的法律原则及权威性材料是极为令人懊恼及费神的工作。如果从一本教科书中进行摘录,需要标注该书的名称、作者、版次、出版年份以及该摘录文字的来源页次。如果标注了一个判例,则应当包括判例的准确名称、该判例的精确援引集,判决日期和法庭作出该判决所依据的法律。更细心的话,可以标注出相关法律原则出现的精确页次。

或许会以为上述做法过于繁琐复杂,不过记住,如果由于第一次工作不能令人满意而重新再做,所耗费的时间和精力要远远大于认真细致的一次将收集资料的工作完成。因为大部分人士没有那么多时间再次阅读如此大量的资料。

一些调研者还发明了一些评注的速记方法。即使研究者不采用这些方法,至少也需要一些符号来区别已经阅读过的资料和没有阅读过的资料。作为建议,或许可以采用下面列举的符号来标示各种不同类型的资料。

符号	意思
√	我已经阅读了该资料并且相关
O	我已经阅读了该资料但不相关
X	我已经阅读了该资料,相关但与我的观点相反
☆	特别重要的资料

经过若干年的摸索,研究者也会发明出一种自己的符号体系。在标记过程中,很多人喜欢在卡片上书写比较短的注记。这些方法有效与否的测试标准便是它能否使得研究者的工作更加轻松,当然这需要个人经验的累积。

第一款　一个实例

假定以下面所列的事实作为研究:H 和他的妻子 W 于 1960 年离婚。当他们离婚时,双方签署了一个协议,H 设立一个信托基金户为 W 提供抚养费。1965 年 H 和 W 又重修旧好并开始同居。其主管律师为 H 提供税收以及不动产计划方面的咨询,要求查明 H 和 W 的和解和同居能否导致终止离婚协议中所设立的信托基金户。

这很明显是一个家事法(family law)的问题。所以首先需要查找该方面的教科书。例如 P. M. Bromley 著作的《家事法》1966 年第三版书中通过查阅目录和索引将会找到一个主题名为"离婚和抚养费协议"的标题。事实上在这个索引之下还有进一步的分类:

在 195 页下有:依据同居而撤销的标题

这似乎正是需要看的内容。在该书第 195 页,确实会找到关于该问题的讨论,不过发现麻烦现在才刚刚开始,因为 Bromley 的结论如下:

"该问题因个案不同而有所不同。在一个案例中的判决并不能在情况完全不同的另一个案件中加以适用。"

接下来所面临的任务便是寻找大量的案例,以便从中寻找到一些能够类推适用于 H 和 W 协议的判例。这将是一个非常冗长乏味的过程。

首先,摘录上面提到的法律原则,并将该原则记录用√标号在 P. M. Bromley《家事法》1966 第三版 195 页的名称下。接着开始在其他的纸片或卡片上分别记录 Bromley 在注脚中提到的案例的精确名称和援引情况。在查找案例之前,还需要查阅一下法律百科全书,例如《霍斯伯里英国法大全》或其他有关本案的法律教科书,看一下是否可以发现更有价值的法律资料。对这些新的书籍的查阅方法和上面提到的查阅方式相同。即使这些资料和 Bromley 书中内容得出了一样的结论,但是时间也并没有因此白费,因为已经对相关资料作了非常全面的纵览,结论将更具有说服力。

假设对次级法源也未放过,而对次级法源综览的结果,提供了大量需要阅读的案例。在此情形下,明智的做法是从最近的重要案件开始以新向旧的方式进行阅读。因为:(1)最新的重要案例会包括对以前案例的讨论,这些讨论能够帮助研究者更深入地理解和评价先前的案例。(2)先前案例的权威性会受到后续案例的影响。根据以上的原则,我们应该从 *Nicol v. Nicol*((1886)31 Ch. D. 524)开始研究。该案例是 Bromley 书中所提到的最新、最近的重要案例,不过该案例的时间也已经非常久远了,发生在 1886 年。在这种情况下,我们或许应该使用《大英帝国判例摘要》以便查找是否还有 Bromley 没有提到的更新的案例。想要查找一个特定的英国判决是否被司法界所引用,则应该查阅《大英帝国判例摘要》重点判决摘要部分。如果先前的判决在后来的判决中被引用,那么后来判决的判决摘要后面将会列出所有被援引的判决。为了查找最新的判例情况,应该查阅最新的累积补充版本,以免遗漏。

由此还引发了一个问题,即研究者应该在什么阶段使用判例摘要?关于判例摘要的使用主要有两种观点。一些研究者认为应该在他们研究的开始阶段使用判例摘要从而进一步扩大从次级法源,如法律百科全书、教科书等中搜集得来的权威性资料。另一种观点认为应该在研究的最后阶段使用判例摘要,主要基于以下两个考虑:第一,已经确立了想要证明的暂时性结论的时候,判例摘要可以被更加有效的使用。第二,在很多情况下,查阅判例摘要的目的是为了确认得到的结论所依据的案例没有被后面的案例所挑战。

又例如,若决定相信 Bromley 的判断,以 *Nicol v. Nicol* 案为开端。那么需要在卡片上仔细写下:

　　　Nicol v. Nicol (1886) 31 Ch. D. 524,C. A.

如果研究者找到了后续的援引集,且该援引集提到了其所标注的同一个案件。这些援引情况对其本人以及阅读其档的人员非常有用。牢记这些基本原则,则记录将会完整而精确。不过也不需要重新查阅原始版本以确定法庭的援引情况。事实上,记录应该尽量全面以至于不需要重新阅读原始资料而仅是依靠其记录卡片便可以撰写出简要书面陈述。当然对于非常重要或复杂的参考文献还是应该反复阅读的。

当阅读 *Nicol v. Nicol* 案的过程中,会找到一个与其所要研究的问题有关的法律原则。可以采用两种方式引用该原则,一种是在卡片上标注:

引用自"The intention…right to enjoyment"(531 页,第 25—32 行)。

另一种是在卡片上标注:引用 A 531 页。

然后在案件的文本上用方括号将 A 的范围标示出来。同一个案件中的其他的引用,如 B、C、D 等也采用同样的标注方法。如果不喜欢在案例汇编上作记号(尤其是在借来的版本上),即应该采用第一种方式。但是如果采用了第二种方式,还需要在引用文字中用下划线标示出重点短语以示强调。

当阅读完一个案例,可以用对勾√表明已经阅读了该案例。如果认为这个案例非常重要,可以标注☆星号来表明其重要性。无论何时若认为某个案例判决非常重要,则应该立刻查阅相关的判例摘要以便发现后面的判决是否对该判决加以限定。以 *Nicol v. Nicol* 案为例,后面的判决虽然援引了该案的判决,但是并没有影响到该案判决的权威性。此外,还需要用一些方法来标明已经查阅过了英格兰、美国或澳大利亚等国的后续判例史。当查阅两国中其中一国的后续判例史的时候,应该引入一些新的标记符号,这些符号用来标明哪一个国家的检索已经完成了。相关建议如下:假如查阅了 *Nicol v. Nicol* 案在英国的后续情况,但没有查阅澳大利亚的情况,可以在对勾的旁边加上 E,例如(√ E)作为标识。当全部的检索完成之后,已经查阅了两个国家的判例后续情况,此时对勾旁边的 E 便失去了意义,即可以将其删除。

研究工作什么时候算是完成呢? 一名美国著名律师 Von Baur 先生认为,当得出了一个强有力的结论的时候,则研究工作便完成了。关于这个问题的法律是如此这般,而且你能够为这个观点进行辩护。请参考 F. T. Von Baur, "How to Look Up Law and Write Legal Memoranda—Revisited", (*1965*) *11 Practical Lawyer*, No. 5, 23 一文。但不幸的是,有些人得出了自认为强有力的结论,不过该结论却是错误的。一些研究者比其他研究者更加细致地考察他们的假设,这种判断能力不是从教科书中获得的,而是从一次次的实际失败经验中汲取的[①]。

---

① 请再参考下面三本参考书:

1. W. R. Roalfe, *How to Find Law* (6th ed., St. Paul, Minn: West Publishing Co., 1965);

2. M. O. Price and H. Bintter, *Effective Legal Research* (New York: Prentice Hall Inc. 1953);

3. F. T. Von Baur, "How to Look Up Law and Write Memoranda", (1956) 2 *Practical Lawyer*, No. 8, 27, and "How to Look Up Law and Write Legal Memoranda—Revisited", (1965) II *Practical Lawyer*, No. 5, 23.

第十三章 引用或援引法律

援引或引用（citation）的主要目的是让读者能够鉴别和找到作者所依赖的原始的和次级的法源。在每一个案件中，援引情况应该非常充分以便读者不需要查阅其他材料就可以鉴别和找到相关资料来源。各种简称在援引中被广泛使用，而且该简称也应该能够被使用援引的读者所理解或知晓。

在案例和法律的援引格式方面，存在着非常完善的规则和习惯。但是被援引的资料方面却没有统一可用的规则。法律图书和期刊的出版商要求文章的作者采用各公司自订的不同援引规则。想要发行著作或发表文章的作者都被要求采用出版商所提供的参照文章中所使用的援引方法。很多美国大学法学院的法学评论（Law Review）都统一采用由哈佛大学法律评论协会公布的"援引统一系统"（Uniform System of Citation）中所列出的援引规则。该手册也被称为"蓝皮书"（Blue Book）。该手册对于初学者非常有用，在没有其他援引使用指南的情况下，初学者可以借助该手册。Miles O. Price 所作《标准法律援引实用指南》（Practical Manual of Standard Legal Citation）是另外一种在美国被广泛使用的手册。1953 年 M. O. Price & Harry Bittner 编著的《有效法律研究》（Effective Legal Research）一书中有该手册第一版的缩编版，1962 年该手册的学生版出版，与原版略微有些变化。

第一节 案　　例

司法判决案例被援引的时候，应该标明该判决在案例汇编中的案件名称，已经汇编该判决的案例汇编的具体名称、出版日期、卷号和页次。

第二节 名　　称

案例的名称一般来源于诉讼双方当事人的姓名。当诉讼双方当事人为自然人时，案例汇编的开头会列出他们的全名，例如 *John Smith v. Mary Brown*；但是在援引该案例的时候，习惯上只保留当事人的姓而不是将全名列出。

当诉讼一方的当事人超过一名时，一般是仅保留第一个被提及的当事人的姓名,而省略掉其他当事人的姓名。如果一个案件在案例汇编中的名称为 *Smith et al. v. Brown et al.*,那么该案例可以被简称为 *Smith v. Brown*。

　　尽管在援引中自然人的名字一般都被省略掉,但是如果名称首个字母是公司或合伙企业名称的一部分时,则不能被省略。因此,*Robert Reid Co. Ltd. v. Cassidy* 不能被援引节略为 *Reid Co. Ltd. v. Cassidy*。如果诉讼一方为一个州,"State of"并不是案例名称的必需部分;但是如果诉讼一方是联邦政府,则应该写成"澳大利亚联邦"(Commonwealth of Australia),在法律援引集中一般将其简称为"联邦"(Commonwealth)。

　　公司名称的特定部分、特定公务人员的称号以及特定代理机构的名称都可以被简称或缩短,每一个简称的后面都有一个句点,但是在缩短名称的后面则没有句点。常用的简称和缩短名称如下所示:

Association	Assn
Attorney-General	A-G
Board	Bd
Brothers	Bros
Commission	Commn
Commissioner	Commr
Commonwealth	Cwlth or Cth
Company	Co. or Coy
Consolidated	Consol. Or Consoltd
Co-operation	Co-op.
Corporation	Corp.
Department	Dept.
Director of Public Prosecutions	D. P. P.
Federation	Fedn
Federal Commissioner of Taxation	F. C. T.
Government	Govt
Incorporated	Inc.
Inland Revenue Commissioners	I. R. C.
Limited	Ltd.
Proprietary	Pty
Railway	Ry
Road	Rd
Steamship	S. S.
Street	St.

　　在公司和合伙企业名称中,符号 & 被用来代替"和",例如 *Government Insurance Office of N. S. W. v. R. J. Green & Lloyd Pty Ltd.*。

　　由刑事法院提起公诉的刑事案件的名称应该按照 *Rex v. Brown* 或 *Regina v. Brown* 的形式记录下来。Rex 可以被简称为"R";Regina 也可被简称为"R"或"Reg."。在判决意见书中,Rex 和 Regina 一般用来表示"国王"或"皇后",而刑事案件中小写的"v."则用"against"来表示。因此案件"Rex v. Brown"应该被读为"国王 against Brown"。在英国,一些刑事案件是由检察官提起的。当一个刑事案件从刑事上诉法院上诉至最高法院(House of Lords)的时候,检察官还可以代表刑事法院。因此一个案件开始的时候名称为 *Reg. v. Smith*,当其上诉至最高法院的时候,其名称变为 *Smith v. D. P. P.*。如果刑事法院是民事诉讼的一方,将使用英文名称而不再使用拉丁文名称,例如 *The King v. Wood*, *White v. The Queen*。当刑事法院作为刑事上诉的答辩人(respondent)时,还是使用英文名称,例如 *Peacock v. The King*。

　　很多海商法案件系根据涉案船舶名称进行命名。在对物诉讼中,船舶本身被当作被告,尽管事实上,其所有人才是真正的被告。这类案件按照如下的形式记录:The Eliza Mary。有时候会在船名前放一些大写的字母,如 S.S.(代表汽船 meaning steamship)或 M. V.(代表内燃机船 meaning *motor-vessel*)。

　　In re Hallett 的案例命名方式一般被用在遗嘱或信托案件中,短语"In re"意思是"就……而论(in the matter of)"(re 读做 ree)。Hallent 则代表立遗嘱人或遗产托管人。援引该案件的时候,可以省略"in",简写成"Re Hallett"。如果案件在案例汇编中被命名为:In re Hallett; *Jones v. Hallett* 或 *Jones v. Hallett*;in re Hallett,则"Re Hallett"的简称也可以使用。如果立遗嘱人 John Hallett 将其财产遗赠给他的兄弟 Peter Hallett,并要求 Peter 为 Jones 设立一个信托户,Jones 起诉 Peter 以执行自己在 Hallett 遗嘱中的权利,这种情况下便可以使用像"In re Hallett; *Jones v. Hallett*"这样的名称。

　　在遗嘱案件中,有时候还可以见到像 In bonis Smith 这样的名称,In bonis 意思是"在实物中"(in the goods of),其可以被缩写为"In b. Smith"。

　　一些案例的名称被写成 Ex parte Monk,意思是"依 Monk 的单方面申请"(on the application of monk)的案件,可以被简称为"Ex p. Monk"。该标题也可以被记为"Ex parte Monk; Re Morgan","Ex p. Monk"等的简称同样适用。但是如果案件的名称是"*R v. Norton*; Ex parte Williams",更好的简称应该是"*R v. Norton*"。申请特许令状,如人身保护令等,就可以按照上述方式命名。其中 Norton 是申请令状(writ),而 Williams 则是作出申请的人。

　　名称为"*Attorney-General for Victoria(ex rel. Dale)v. The Commonwealth*"

的案例是关系人间的诉讼。在本案中,维多利亚州的首席检察官以公共利益保护者的身份起诉联邦政府,原因是该州的一名公民认为联邦的某个行为损害了公共利益。

有时候诉讼双方当事人的姓名被隐匿起来,案例名称仅以他们的首个字母代表,如 *P* v. *P*。该类案件或许是法律禁止旁听的案件,或许是法官要求不得泄漏当事人全名的案件,例如在婚姻无效案件中,当事人双方有时候便是匿名的诉讼。

当一个案件进入了上诉程序时,当事人双方姓名的顺序也许会发生颠倒。例如 *Smith* v. *Brown* 的初审案件进入上诉程序后会变为 *Brown* v. *Smith*。如果要援引下级法院和上诉法院对同一案件的两个判决,应该按照下面的格式列明:*Smith* v. *Brown*(卷号和页次),颠倒之后(或确认判决之后)sub nom. *Brown* v. *Smith*(卷号和页次)。

如果案件的名称过长,并且该案件还经常被引用,那么可以采用简称。例如,案件的全名为 *New South Wales Rutile Mining Co. Pty. Ltd.* v. *Eagle Metal and Industrial Products Pty. Ltd.*,可以简称为 Rutile 案。即使采用了简称,在第一次提到该案的时候,还是应该写出该案例全名,并告知读者如果后面涉及该案将使用简称。

在印刷版本中,除"v."之外,案件的名称应该采用斜体书写。在手写稿和打字稿中,需要采用斜体的文字应该使用在下面画线方式标出。作为案件名称一部分的拉丁字母,如 ex parte 和 in re,即使该案件名称的其他部分不是斜体字,也应该采用斜体字。当作者用某简称指明代表一个案件的时候,如 Rutile case,单词"case"即不需要斜体书写,其首字母也不需要大写。而如果"case"是案件判决名称的一部分时,那么其 Case 首字母就应当大写,如 Shelley's Case 和 Slade's Case。

单词"Versus"即 v. 的全名,不需要全部写出,也不需要采用斜体。在判决书中,它也不会被朗读出来。按照传统,在刑法案件中,"v."读作"against",在民事案件中,"v."读作"and"。

第三节　案　例　汇　编

案例援引应该包括一系列汇编某援引案例的案例汇编,以及相关卷号和页次参照表。案例汇编一般采用简称。在伦敦大学先进法学研究所出版的《法律援引集使用指南》(Manual of Legal Citations)一书中,有最全面的英国及英联邦国家案例汇编简列表。第一部分是英格兰、爱尔兰和苏格兰的案例汇编的简列表,第二部分是所有英联邦国家以及英属殖民地国家的案例汇编列表。Sweet & Maxwell 编印的《案例及法律汇编指南》、Osborn 编印的《法律简明字典》和 Stroud 编印的《司法字典》等出版物中也列出了英国的各种案例汇编和它们的简称。Price 和 Bittner 编印的《有效法律研究》一书的附件四中,有包括美国、加拿大和英国案例汇编简称的综合性列表。

　　一些案例汇编中的各卷以连续编号方式出版,并采用卷号加以区分。而在另一些案例汇编中,各卷只是简单地按照年份加以区别。如果年份是卷名不可或缺的一部分,一般会被放入方括号内,如 *Trobridge v. Hardy* [1956] A. L. R. 15。不过如果各卷已经被连续编了号,日期便不再是援引案件名称的必要组成部分,但是也可以在名称中加入日期使得案件表述得更加详尽。这种类型案例的日期通常是案件的宣判日期,为了区别,我们将这种日期放在圆括号内,如 *Trobridge v. Hardy* (1955) 94 C. L. R. 147。一些被编号的案例汇编可能会涉及若干年的判决,如《联邦案例汇编》(Commonwealth Law Reports)第 94 卷就包括了 1955 年和 1956 年两年的判决在内,若想援引该卷中的一个案例,则该案例名称中的日期应该为对该案作判决的年份。根据年份进行区分的各卷有时候会包括一些该年份前一年的判决,如 Trobridge v. Hardy 案被编入《Argus 案例汇编》(Argus Law Reports) 1956 年卷,但事实上该案是 1955 年宣判的。

　　当一个案件被一种以上的案例汇编报道时,并不需要援引所有的案例汇编。官方或半官方的案例汇编的援引效力优于其他种类的案例汇编。如果被援引的案例最开始是记载于具名案例汇编中的英国案例,那么最好的做法是在援引该案例汇编卷号和页次的同时,也援引《英国案例汇编》(English Reports)中相对应的卷号和页次号码。

　　如果一个案例没有被汇编入任何案例汇编中,那应该援引其案例的名称和审判日期,可能的话,还需援引该案的法庭案卷号。如果该案仅被一本期刊或报纸所报道时,则该案件名称、记载该案出版物的卷号和页次、日期等也应该被注明。

　　一般没有必要提及案件审判法院的名称和主审法官姓名。案例汇编的报道中可以暗示出这些资讯,不过如果援引的作者认为法院的判决影响到所要援引的案例的先例价值时,且相关案例汇编并没有指明该法院的情况,则该法院的名称可以被放到援引案件名称末尾的圆括号中以示清楚。法院名称的简称如下:

Admiralty Court or Division	Adm.
Chancery Court or Division	Ch
Common Pleas	C. P.
Court of Appeal	C. A.
Court of Criminal Appeal	C. C. A.
District Court	Dist. Ct
Divisional Court	Div. (or Divl) Ct
Equity Court or Division	Eq.
Exchequer	Ex.
Full Court	Full Ct. or F. C.
High Court	High Ct. or H. C.
House of Lords	H. L.
Judicial Committee of the Privy Council	P. C.
King's Bench Court or Division	Q. B.
S. Supreme Court	Sup. Ct

第四节　当事人和法官的姓名

当援引的作者描述或讨论一个判决的时候,该作者提及某个当事人一般不会使用他们的个人姓名,而是他们的诉讼身份。提起民事诉讼程序的当事人被称为"原告"(plaintiff),该民事诉讼程序所指向的相对方被称为"被告"(the defendant)。被指控犯有刑事罪行的个人也可以被称为"被告",这个人还可以被称为"被起诉人"(the accused),或者如果指控的罪行是由大陪审团提起的,那么这个人将被称为"刑事被告"(the prisoner)。提起刑事诉讼程序的一方是"公诉人"或"检察官"(the prosecutor)。请求"婚姻救济",如离婚的人被称为"申诉人"(the petitioner),相对人被称为"被申诉人"或"答辩人"(the respondent)。"答辩人"也可以被用来指代上诉中的答辩一方,而"上诉人"(appellant)则指提起上诉的一方。特许令状的申请者则可以被称为"申请人"(the applicant)。在法律写作中,一般不会写出法官的职务全名。在大部分案件中,都会写出法官的姓,姓的后面则是法官职务的简称,该简称可以是职务名称的大写首个字母,也可是职务名称的几个单词的首个字母,如 Barwick C. J. 。在一些法律出版物中,还会在姓和大写字母之间插入逗号。职务名称的大写字母简称如下所示:

A. C. J.	Acting Chief Justice
A. J.	Acting Justice or Judge
B.	Baron（Exchequer）
C. B.	Chief Baron（Exchequer）
C. J.	Chief Justice or Chief Judge
C. J. in Eq.	Chief Judge in Equity（New South Wales）
	Justice or Judge
L. C.	Lord Chancellor
L. C. B.	Lord Chief Baron（Exchequer）
L. C. J.	Lord Chief Justice
L. J.	Lore Justice（Court of Appeal；Court of Appeal in Chancery）
M. R.	Master of the Rolls
President	Probate，Admiralty and Divorce Division
S. M.	Stipendiary Magistrate
S. P. J.	Senior Puisne Judge（Queensland）
V. C.	Vice-Chancellor（Chancery）

大写字母"J"仅被用来指代高等法院中的陪审法官,如州最高法院和高等法院。"Judge"则用来指代地区郡及地方法院的法官。在引用文中,下级法院的法官被称为"Mr. Justice…"。倘一个法官被授予爵位（Knighted）,通常应该被标示出来,当援引该法官的判决时,一般不会写出他的头衔全称。例如 Sir Garfield Barwick 是澳大利亚最高法院的首席大法官,但是他的意见却被援引时以 Barwick C. J. 称之。另外,英国负责审判最高法院上诉审的最高法院法官被称为"Lord",如 Lord Reid,Lord Morton of Henryton 就是。英国首席大法官则以其职务名称之。例如 Viscount Simon L. C. ,Lord Goddard C. J.（或 Goddard L. C. J. ）,Lord Denning M. R. 等。

当援引两个或更多法官的意见时,且相关法官用重复简字称呼,而在各位法官之间不必使用句号,例如 Nagle and Sugerman JJ.。

第五节　立　　法

第一款　制定法

如果制定法有一个短标题,在引用它的时候可以使用该短的标题,且不必再援引它的号码,不过如果需要标出号码,该号码应该被插入到短标题的后面。一些早期的英国制定法没有自己的短标题,它们通过当时在位君主的年份和章节被援引,日期则列在后面,如 4 Geo. Ⅳ. c. 96（1823）。同时一般不会援引制定法在出版物中的卷名,但是如果该制定法是早期由拉丁文或法文写成的英国制定法时,还是应该在该制定法的后面标出其英文翻译版的出处。

不论什么情况,援引制定法都应该包括相关的章节。如果一部制定法被分为若干部分,在援引章节号之后,便不再需要援引各部分的名称和号码,这是因为单独的章节号码便可以有效地区分各章。我们可以采用很多方法来援引章节和该章的各个部分。章节(section)可以被简称为"sec."或"s."。"s."复数为"ss."。子章节被简称为"subsec."或"sub-s."。段落(paragraph)被简称为"para."或"par."。当上述提到的名词是一个新句子时,则该名词应该大写并且不能使用简称。不过当该名词出现在句子的其他部分的时候,则可以使用简称。

第二款　次级立法

除非次级立法(subordinate legislation)被编辑成册、单独出版,否则想要查找它们并不容易。因此值得借鉴的做法是标出次级立法所在的卷号,有关所在卷的资讯应该列于立法的名称或号码之后,例如:

(a) United Kingdom. Statutory rules, orders and instruments are cited by year, number, volume and page:

S. R. & O. 1914 (No. 1000)

S. I. 1948 (No. 2357) I, p. 101.

(b) Commonwealth of Australia. Regulations may be cited by their short titles or by their number and calendar year.

(c) New South Wales. No form is prescribed for the citation of regulations but they are usually referred to by the titles appearing in the New South Wales Rules, Regulations, By-Laws, Ordinances...

(d) Queensland. Regulation may be cited by their short titles.

(e) South Australia. Regulation may be cited by their name and date.

(f) Tasmania. Statutory rules may be cited as S. R. (or Statutory Rules) followed by the year and number.

(g) Victoria. Statutory rules may be cited by their short titles, or by calendar year and number with or without the prefix S. R.

(h) Western Australia. Regulations may be cited by the short title or by calendar year and number.

The particular parts of different kinds of subordinate legislation and their abbreviated forms are:

Instrument	First	Division	Second
Order in Council or Order	article（art.）	paragraph（par.）	sub-paragraph（sub-par.）
Regulation	regulation（reg.）	paragraph（par.）	sub-paragraph（sub-par.）
Rules	rule（r.）	paragraph（par.）	sub-paragraph（sub-par.）

第六节　法律图书和期刊

不同的法律书籍出版商在援引二手资料的时候采用了不同的做法。如果为一个出版商撰稿,明智的做法是在草稿的最终版被输入电脑之前,要了解出版商所采用援引资料的习惯做法。

当援引法律书籍或法律小册子时,下列资讯应当被列出来:作者姓名、标题、卷数(如果多于一卷)、页数或章节数、版次(如果多于一版)、编辑(如果有关)、出版日期。一些出版商还会要求列出图书出版商的姓名和出版地点。作者姓名、标题、卷数和页数是必不可少的因素,例如:

L. C. B. Gower, *The Principles of Modern Company Law* (2nd ed. London: Stevens & Sons Ltd., 1957), pp. 241-244.

在引用中,名字和首个字母常常被省略。按照我们的观点,这些资讯不应被省略,因为读者如果想要在图书馆中按照分类或书目查找相关法律著作,他会发现缺少这些资讯将会让检索变得很困难。当作者的姓名容易和其他人发生混淆的时候,至少应该将作者的名字（given name）和首个字母写出。一些出版物是以出版公司具名,而大部分政府出版物都是这一类型,该出版物的作者应该读作:

政府名称,代理机构或部门名称

当一本书是由几名作者共同完成时,应该列出所有作者的姓名。如果超过三名作者,在援引的时候应该写出标题页上列明的联合作者中第一个人的全名,其他人则用"and other"或"et al."代替。如果一本多名作者合著的书有一个编辑,在列出作者的时候,编辑也应一并列出,如:

R. Else-Mitchell (ed.), Essays on the Australian Constitution (2nd ed. 1961).

一般需要援引标题页上列出书的全名。但是如果书的标题非常长或非常复杂,则该标题应该被尽量缩减,仅保留几个关键字。在书脊上(spine)列出的该书的短标题应该可以标识出该书。一些很有名的著作在其标题中还包含原作者的姓名,如 Salmond on Torts。当援引《霍斯伯里英国法大全》时,可以将标题简称为:

　　　4 Halsb. (3rd ed.), 253.

当援引期刊中的文章时,应该包括作者姓名、文章标题、期刊名称、期刊卷号、期刊出版日期和文章的起始页码。期刊名称应该采用简称,但如果期刊对于大部分读者不是很著名,那么还是应该写出期刊的全名或提供一个简称索引。一些期刊的出版人已经提供了援引该期刊时应使用的简称。《法律期刊索引》每一卷装订合订本的始页,都会有一个英语法律期刊标准简称列表以便参考引用。

在许多美国法律评论中,注释、案例评论以及新近立法注释的作者一般不会被列出。当援引这些资源的时候,一般是先对援引作品进行描述,如 Comment 或 Note,接着是其所在卷的日期、号码、标题和页码。注释或评论的标题也会被列出,例如:

　　　新闻通讯则按照标题、日期、页码和栏目进行援引。

期刊中文章和注释的标题一般被放入引号中(单引号或双引号),尽管一些出版商的期刊名称为斜体,不过一般而言,文章标题和期刊名称都不采用斜体。

英国以及澳大利亚法律期刊的一般援引格式如下所示:

　　　B. H. McPherson, "Effect of Liquidation Upon Execution Against a Company" (1964) 38 A. L. J. 53.

第七节　援引的一般规则

第一款　援引页次

在援引案件和文章时,一般仅标示出文章或案件的开始页次。在引用案件时,一般不使用"p."或"page"来指示该案件的开始页次。如果作者想要指出精确的案件页次时,可以采用下面的形式:

　　　　Spratt v. *Hermes*（1965），114 C. L. R. 226，259.

　　　　Spratt v. *Hermes*（1965），114 C. L. R. 226，at p. 259.

　　当援引页数超过一页时，而且这些页数还是非连续性的。那么每一个相关页次都应该被标明。例如用"58 et seq."来代表第 58 页及其以后的页次，这种做法很容易产生混淆，所以应该加以避免。最好的做法还是应该分别加以标示。

第二款　重复援引

　　倘若必须要重复援引一个案例、法律书籍或文章时，则不必在每次引用的时候都列出其全名。第一次引用这个材料的时候应该列出全名，以后则可以使用简称代之。

　　Ibid. 是"ibidem"（出自同一处）的简称。没有任何变动而重复引用同一材料时，可以使用这个简称。所以如果注脚 32 是引自 *Bennett* v. *Bennett*〔1952〕1 K. B. 29 at 260 一案时，注脚 33 可用 Ibid. ，则意味着注脚 33 是注脚 32 的翻版或所引用内容的重复。但是如果作者在注脚 33 中想要援引 *Bennett* v. *Bennett* 案中的其他内容，那么可以使用 id. 。id. 是"idem"的简称，意思是（同样的作者、标题或内容等等）。这种引用格式仅适用于当作者援引了相同来源或权威性材料中的不同内容之时，而且这种援引格式不适用于引用立法材料。

　　如果两个援引之间被其他引用材料分隔开，则不能使用 Ibid. 和 id. 。例如注脚 32 是引用 Re McArdle〔1951〕Ch. 669 一案时，且作者想要在注脚 54 中重复引用该案件，而 32 至 54 间的注脚为其他引用材料，那么注脚 54 应该再次写出该案件的全名或者写为 Re McArdle，supra note 54。"supra"意思是"above"，有时候也可以使用"above"来代替上面这个拉丁文单词。如果案件的名称，如 Re McArdle，已经出现在文章当中，而且前面的注脚也已经列出了它的全名，则不需要再重复援引。当后面再次引用该案例的时候，可以简写为 op. cit. ，紧接着则为该案例在案例汇编中的相关页次，或者如果再次援引的案例同前面完全一致，则可以简写为 loc. cit. 。"op. cit. "是"opera citato"的简称，意思是援引自同一作品；"loc. cit. "是"loco citato"的简称，意思是援引自同一位置。援引书籍或文章的时候，也可以使用"op. cit. "和"loc. cit. "。不过当引用的时候，在文章以及注脚中都应该列明作者的姓名，例如，当以 Stenton 为作者与注脚相关的文章内容的一部分而没有被提及时，可以采用"Stenton，op. cit. 19"的形式。如果与注脚相关的文章内容的一部分已经在前面文章提到 Stenton，那么就可以采用"op. cit. 19"的方式来引用。

一些出版商反对使用"op. cit."、"loc. cit."及"supra"，并建议应该使用全名或者已经被使用的相关简称。当列出引用全名的注脚相隔太远的时候，这些拉丁文简称对于读者并不是非常有用。而且司法判决的援引一般都不会太长，所以使用"op. cit."、"loc. cit."和"supra"并不会节省太多空间。当然在多次援引书籍或文章的时候可能会有些麻烦，但是如果可以创设一些令人满意的简称，那么可以使用这些简称来代替上述拉丁字母。在注脚的前面或第一个全名引用的后面应该列出相关简称，例如 Doris M. Stenton，English Justice，1066—1215（Philadelphia，1964）（hereinafter cited as Stenton）。

第三款　如何标明援引的重要性和全面性

注脚中所引用的内容可以用来标明文章中引文的来源、提供额外的资讯、支持文章的原则和结论或使得文章的叙述更加完整。

当援引仅仅被用来表明引文的出处或支持作者在文章中的观点，则并不需要对其加以介绍和评论。不过当援引所涉及的材料并不直接支持文章所提出的观点，或与作者的观点对立，或援引的目的是为了介绍一些补充性的材料，在以上这些情况下，则需要对援引加以适当的介绍和评论。针对上述目的的简要表示，在下面几种简明的表示中比较重要：

（1）"Compare 或 Cf."当援引的内容并不直接支持文章的观点但并不与文章的观点相矛盾的时候，可以使用这两个单词。当引用某一案例的时候使用 Cf.，则表明该案例虽然同先前提到的案例并不完全一致，但也存在可以比较之处。当你打算将两个正文没有提及的权威性材料进行比较的时候，可以使用"compare...with..."的方式。

"But cf."的含义和"Cf."的含义并不相同。当援引的案例与先前案例相类似但结论却与文章的结论相反的时候，可以使用"But cf."来表明。

（2）"Contra"。当你引用了一个权威性材料来支持某个观点，接着你又希望引用另一个相反的权威性材料时，这个相反的权威性材料可以用"Contra"加以介绍。

（3）"E. g"。"E. g"是"exempli gratia"的简写（意思是"例如"），当使用该词来介绍一个援引的时候，它的意思是列出的权威性材料仅是一部分例子而非全部。

（4）"I. e"。"I. e"是拉丁文"id est"的简写,意思是"即是",它一般被用于介绍一个概念或解释。

（5）"See"。当作者支持一个不确定性或存在争议的观点的时候,可以使用这个单词。例如,一名作者给他的结论加上了一些说明,如"或许（it maybe）"、"好像（it seems）"或"存在争议的（it is arguable that）"等用来支持其结论的权威性材料都应该以"See"为开头而加以介绍。当某一权威性材料并不直接支持作者的结论而只是减少对此结论的相关疑问的时候,可以使用名词"But see"来表示。当一个权威性材料包含了对正文所提到某个主题的全面讨论的时候,可以使用"See generally"对该材料进行介绍。例如,正文的内容如果与未成年人契约相关,那么注脚可能会引用契约法教科书中该主题下的整个一章作参考。

在某些情况下,人们都希望能在引用的后面加上一个对引用材料的价值以及重要性的简单评注。不论该引用资讯是相反意见还是附带意见,都可采用该类评注。例如 *Banbury v. Bank of Montreal* [1918] A. C. 626 at 657 per Lord Finlay, L. C. （dissenting）。当作者试图解释某个判决中的某个法律问题的时候,如果该判决对法律问题的阐释并不清楚,那么有时候作者会使用"semble"这个单词来介绍一种建议性的解释,该单词为法律用语名词,意思是"it seems"或"it seems that"。当一个法律存在一种以上的解释时,也可以使用这个名词。

第四款　数词

在文章中,一般需要拼写出少于一百的单位数和单位的整数(如一百、一千和一百万)。分数位也需要被拼写出来,如四分之一英寸应写为 1/4 英寸。

序列号,如卷号和页次,应该用数位进行表达,日期也一样。任何统计分析的数位也都应该通过数位来表示,而非以文字的形式表达出来。

序数词如"first"和"sixth"可以缩写为"1st"和"2nd"等。因为"1st"和"2nd"并不是简称,所以后面不需要加句点,除非它们出现在句子的末尾。当表达日期的时候,可以省略序数词,如 March 1 to April 5, 1966 是。

第五款　引用文

引用文（quotations）可以通过三种方式加以标明:使用引号（单引号或双引号）进行标记;通过"缩进"（indentation）进行标记;或通过使用不同种

类的字体来表示。文章主体部分中短的引用文一般采用引号进行标记。而四行以上的引用文则应该通过"缩进"或不同字体从正文中分隔出来。任何案件中的引文都需要上下各空出一定的空间,以示区分。

引用文字应该与原文完全一致,无论拼写还是标点。如果原始版本中存在错误,可以通过插入[sic]进行标示,[sic]意思是"所以"(so)或"因此"(thus)。紧跟[sic]的是一个案例列表。

如果引用文本身还包含另一个引用文时,则第二级引用文应该通过引号加以标记。如果一级引用文通过双引号进行标记,则二级引用文应该使用单引号。如果一级引用文使用单引号,则二级引用文就使用双引号。如果一级引用文采用"缩进"或"小字体",二级引用文也应该通过相同的方式将自己和一级引文区分开来。

假如原始版本的意思不会发生变化,那么引用文中的单词、句子甚至段落都可以进行省略。如果省略句子中的一部分,则该部分用三个间隔小圆点代替,并且以间隔空间,将这三个小圆点同引用文间隔开。如果整句被省略,则使用三个间隔小圆点来代替被省略的部分。如果引用文的最后一句被省略,除了用三个间隔小圆点代替省略的那句话外,还需要在后面加一个句点。当引用文的第一句话被省略的时候,用三个间隔小圆点代替省略部分,但是现在所采取的做法还包括将引用文第一个单词的第一个字母大写并放入括号内。当要省略引用文中的一段或几段的时候,用六个间隔小圆点代替省略部分,同时用双倍的距离将省略部分的上下文区别开。例如:

> The plaintiff denied that he had been drinking. . . . The wife of the defendant. . . said that when the plaintiff spoke to her, his speech was slurred.
>
> ......
>
> Dr. Thompson gave evidence that the plaintiff was subject to epileptic seizures.

当作者在引用文中插入单词或片语时,添加的部分习惯上被放入方括号中,如:"Jones [the defendant] had no knowledge that the goods were stolen"。当作者想要强调引用文的一部分时,一般是将需要强调部分的单词变为斜体字。如果这样做了,在引文的结尾应该有一个位于括号中的注脚或注释加以标明,该注脚或注释可以用"Emphasis supplied"、"Emphasis added"或"Italics supplied"等用语来表示。

如果引用文材料没有组成一个句子,而在正文中却被合并到了一起,对

此情况并不需要特别标明,只需要使用引号来表示就可以了。例如:

> According to Jones, J., the contract was "hard and oppressive".

因此如果引用文被从正文中分隔出来,且并没有以一个新句子作为开始,那么它应该以冒号或破折号作为标志,从一个新的分句或句子的中间开始。

引用文最后的句点和其他构成引文一部分的标点符号都应该被放在引号之内。而其他的标点符号则应该放在引号之外。如:

例一:

> "His failure in 1204 was less of a personal failure than a culmination of a long process which began in 1173……"

> Can it be said that the contract was "hard and oppressive"?

例二:

> "It would be wrong", he said, "to reject the evidence of the plaintiff's mother."

第六款　大写

一般情况下单词并不需要大写(capitalization)。固有名称和它们的衍生名词,以及专门机构和组织的名称都需要大写。组织中各个层级的名称不需要大写,除非出于清晰的目的。定冠词或不定冠词一般不需要大写,除非是官方名称或书籍、人物或组织指定名称的一部分。

一个独立分句或整句的第一个单词的第一个字母应该大写。例如:

> The question to be decided is, does this contract come within the Statute of Frauds?

> The result of our inquires was as follows: No money was paid to Smith during the month of August and to work was done on the building either in August or in September.

> The case raised three issues:

> 1. Was the plaintiff in possession of the land?

> 2. Did the defendant dispossess him?

> 3. Did the defendant have a right of entry?

第七款　印刷样式

在法律出版物中,一般用斜体印刷出特定的单词。在手写稿或打字稿中,需要采用斜体的单词应该用下划线标出。下面列出的若干规则虽然没有被所有的出版公司遵循但也被大部分的出版公司所接受。

(1) 案例:除了"v."之外,所有的案例名称都采用斜体,不论其是位于文章中还是位于注脚中。即使当名称中的英文部分不需要采用斜体的时候,案例名称中的拉丁字母(如 Ex parte, In re)也需要采用斜体。但是案例汇编标题中的案例名称不需要采用斜体。

(2) 立法:当提到制定法、次级立法以及相关章节的时候,都应该采用正体字。

(3) 书籍和期刊(books and periodicals):在学术出版物中,习惯上将书名印刷为斜体。但是引用的其他部分都采用正体字。

(4) 外国名词和片语(foreign words and phrases):一般采用斜体,除非它们已经成为英语的一部分或法律专业用语的一部分。例如下列单词不需要用斜体书写:

bona fide	nisi
certiorari	nolle prosequi
circa	obiter dictum
contra	pendente lite
habeas corpus	post mortem
in toto	pro rata
intra vires	res judicata
ipso facto	subpoena
laissez faire	ultra vires
mandamus	

第八节　LEXIS 及 WESTLAW 在线法律资料引用①

由于电脑的使用无所不在,人们各种工作也缺少不了电脑的帮助,法学研究亦不例外。当今法律资料的搜寻由两大系统主导,即美国的 LEXIS 及 WESTLAW,但其引用须受一套标准程序的约束,特别是一些法院判决案件而尚未列入正式案例汇编中时,LEXIS 及 WESTLAW 均有报道。而法律来

---

① 详细内容请见第七章美国法学网络及电子数据库之使用。

源资料目录（legal Resoures Index）在此两系统线上（online）均有资料。但两大系统的资料库（databases）对期刊的处理有不同政策，LEXIS 对现今发刊的法律评论（Law Review）期刊并不全面收入资料库，如被收入其资料库的法学期刊则会全文收入。WESTLAW 资料则收入有限主题期刊的全文及期刊目录，但也会包括一些其他非主流的法学期刊文章在内。使用者可上网比较使用，但需收取费用①。

①　J. Myron Jacobstein, *Legal Research Illustrated*(5th ed.), 1990, pp. 36—37,308.

附录一　李俊博士的奋学精神[*]

　　《哈佛人》杂志向我邀稿，写一些哈佛人有意义的情景及有启发性的文章，我想了很久，觉得吾师哈佛大学校友李俊博士的求学处事精神实乃吾辈及后学者的榜样，因而下笔为文，以为借镜。

　　"学海无涯"表现在我的老师李俊博士的身上，就是身体力行的毅力。李俊博士江苏无锡人，是我在东吴大学法律系求学时为我们传道、授业、解惑的授课教授，也是我毕业后在法律事务所工作时的首位老板，是我终身学习和追随的榜样。但是却也是终身学习不及万一的万仞高墙。

　　当年我们上老师的"英美契约法"课程时，英文程度不好，普通法的知识一窍不通，李老师循循善诱，但也要求严格，每每上课时，要叫学生起来回答问题，而且在每学期上课之初，必有警言：如"三次课堂提问都不能正确回答，下学期请早"（表示必然被当），所以每个学生上老师的课，都是战战兢兢，严阵以待，不敢抬头看老师，怕与老师目光接触，幸运中奖。也不敢径自低头，怕老师发现逃避，刻意提问，则下场更惨。此外，老师更要求每位同学在学期中，要背五个案例，并要默写考试。因此每星期上老师课的前一天，诚惶诚恐，秉烛夜读；下课之后，神经解脱后的松弛，浑忘饥饿，相信对"英美契约法"课，是为伊消得人憔悴，杀死多少细胞。就是因为有李博士的严峻教学，我们这些学生小子多少也打下了英文及英美法的根基，当我们成长后在社会从事的行业中，受益匪浅，每每与当年同窗共聚，大家均有同感，深为感谢。

　　毕业后有幸在李老师主持的事务所中实习工作，实在是我人生中最重要的历程。在公务中，了解老师的严格态度，一丝不苟，敬业专业给当事人最佳的服务，也向老师学习为人处世、做人做事的道理，深为受益。

　　四十年前的台湾，百业待兴，外人投资源源不绝，老师主持的事务所接受的案件数不胜数，是当时最忙碌的事务所之一，却在事务所的事业如日中天之时，五十余岁的老师却有更高的追求目标，毅然决然放下了手边的工作，束装上道赴美国哈佛大学攻读另一博士学位。其实李老师当时已拥有

　　* 本文发表于台湾《哈佛人校友会讯》第 18 期，2006 年 12 月，第 85—86 页。

美国 SMU 大学（Southern Methodist University）的硕士学位及耶鲁大学（Yale University）的法律硕士及法学博士学位，很可以在台湾发展事务所业务，赚进更多的财富。但是李老师有更崇高的理想，追求更卓越的人生境界，甩甩手，不带走一片云彩，毅然赴美进入哈佛大学法学院进修苦读。

　　我在跟随老师工作期间，逐渐了解老师在不凡的人生中，几段超凡的作为。李老师出身警界，于 1949 年间来到台湾，从一位中级警局主管孜孜不倦、努力向上，凭借着自己不懈的努力，成为中英文俱佳，学识涵养超群的大学问家。其中的努力、坚持，绝非一般的恒心、毅力可以达到。

　　李老师当年是台北市仁爱路四分局的警察局长，公务繁忙，可谓日理万机、巨细靡遗。为求上进，老师却能在百忙之中，到东吴大学法学院夜间部法律系学习，获得法学士学位。但老师并不以此为满足，勉力自修、学习不辍，适时有 SMU 大学（Southern Methodist University）在台招考赴美公费生，老师获得录取，于 1955 年赴美攻读法学硕士学位。当时老师膝前已有两位可爱的儿女，李老师为了更远大的目标，毅然决然暂别一双儿女，远赴美国孤军奋斗。李老师在美求学的态度真正是焚膏继晷、日夜不懈。英美法主要以案例为主，每个判例都是著名大法官的心血结晶，可谓字字珠玑。李老师读书的诀窍就是熟读、强记并背诵之，把优美的文句背诵到脑海里，保留在记忆深处，融会贯通。每当考试时，对案情的理解，优美的文句，源源不绝，往往取得优秀的成绩，也深获教授们的赞赏。在校期间，并发表"The Academy of American Law"一文，刊载于当地法学刊物（The Student Lawyer Journal, May, 1956）上，深获学界好评，SMU 大学的教授们也以李老师的表现为荣。李老师以最佳的成绩获得 SMU 大学最高荣誉法学硕士学位 LL. M（magna cum laude）（with great honors）。由于李老师在 SMU 大学的优异特殊表现，打开了台湾学生到 SMU 大学法学院深造时被优先对待的机会，造就了不少的财经首长人才。

　　李老师回台后，为政府机关延揽，担任参议一职，并在东吴大学法学院任教。俗谚"学然后知不足"，李老师仍希望能求得更高深的学问，决意再赴美深造，由于在 SMU 大学的表现极为优越，学习成绩特优，为美国著名耶鲁大学法学院接受，攻读法学硕士及法理学博士学位（SJD）。在耶鲁大学求学期间，老师努力的精神更甚于当年在 SMU 大学时，学习的生涯是寂寞的，对于学识的追求是饥渴的，老师的学习态度无人可比拟。除了博学强记、背诵优美章句外，更增加阅读时事时间，于晚上 12 时下自修后，再详阅每日出版的《纽约时报》（New York Times）各种新闻及社论，对时事的了解，也是老师次日与当地师生们谈话、辩论的资料,丰富了读和讲的程度。在有限的时光,如何吸收大量的学术和知识?老师乃尽量延长读书的时间,相对地也减少了睡眠的时间,在美国求学这段时间,几乎是席不暇暖,每晚读书到深夜,椅上小寐,清晨即起,在宿舍中庭,利用清晨明净的时光,背诵佳文,如此夜以继日,不眠不休的努力,终于获得耶鲁大学法学博士学位,直到今日李老师的博士论文在耶鲁大学法学院中仍为经典之作。

　　李老师在获得耶鲁大学法学博士后,回台在东吴大学教授"英美契约法"一课,我正幸运地成为老师的学生,和老师读书时的拼搏精神相较之下,我等这些不成材的学生,实在汗颜,未能学习老师的读书精神于万一。当时李老师所主持的法律事务所,业务繁忙,声誉如日中天,老师提供的法律意见,往往使当事人敬佩不已,我虽有幸追随在老师身旁工作,只可惜性甚驽钝,对于才如万仞高墙的夫子,只能望而兴叹,勉力跟随而不可得。

　　就在李老师事务所事业在巅峰状态时,老师竟然放弃了许多累积财富的机会,结束了所有的事务所业务,再次踏上求学之路,申请到美国哈佛大学(Harvard University)法学院攻读法律学博士(J. D.)学位。对李老师而言,这是另一种登峰造极的挑战,也是满足老师要在美国最好的法学院读书的多年梦想。老师当时已是后中年时代(约五十余岁),学养超群、事业有成,凡人的眼中已是功成名就,但是相信李老师的人生价值不同于凡夫俗子。孔夫子曰:"富贵于我如浮云",正像是李老师的写照。李老师毅然放下了手边的财富与名位,再次踏上求学之路。哈佛大学法学院的优秀与严苛远近知名,李老师在哈佛修业期间更是奋力拼搏、宵衣旰食、秉烛夜读,终能完成理想,拥有美国最佳也可说是全球最佳的二法学院——耶鲁大学法学院与哈佛大学法学院的双重博士。李博士的优秀表现,可谓震古烁今,海峡两岸中国人中无出其右。而此时,老师的英文造诣更是如入化境,行文优美不说,老师更以精简的文字表达出邃深的意义。我曾经问过李老师:"如何才能学好英文?像老师一样能掌握英文文字的精粹及灵活的运用?"老师总是笑对:"无他,切记要背诵,学习语文要多读多写,遇到好的文句要背诵,熟读佳句之后,自然能下笔成文。"智者斯言,我看到了李老师在这方面身体厉行的成就。

　　身教是李老师的教育方针,由于李老师的学习精神可佩,其公子克明世兄亦学养俱佳,台湾大学化学系毕业,哈佛大学商学院的 MBA,哈佛大学法学院的法律学博士(J. D.),曼玲学姐亦为哈佛大学法学院的法理学博士(SJD),在社会上均极有成就。一门三杰,谁与争锋,这都是李老师的教子有方,身教为先,才教育出这么优秀的子女为李老师的传人。

　　我自青年时期追随李老师,对李老师的学养、风范,视为学习的榜样。每次与老师见面,老师均垂询最近读了什么书没有?学生即心生惭愧,无以回应,实因工作关系,读书较少。而老师对学生关怀备至,时常提醒如何读书及为人处事的道理,特别在1994年间,由老师推荐到哈佛大学法学院进修,对我乃一种非常有成绩并难忘的经历。如今年华老去,仍未习得老师修养于万一,但是在我一生中,自求学及就业及处世,得李老师的庇护与协助,人云:"一日为师,终身为父"。几十年的光阴,染白了双鬓,我每见李老师耄耋而硕德,依然精健,也是我们后生晚辈的福气。就我个人而言,深感能与老师结缘乃一生最具意义之事。

附录二 澳大利亚维多利亚省社会人士对安置吸毒人士的公开信

24 July 2000

AN OPEN LETTER TO ALL VICTORIANS

We are all trying hard to create safer and more enriched lives for ourselves, our families and our community. We all want to feel safe and be safe around our homes and the places we visit.

The safety of our communities is jeopardised by illicit drugs. Few people believe illegal drugs are a good thing. Most of us believe drug users are victims and not villains. We want to provide assistance and support to them. We share a concern that our young people are vulnerable — and that makes us angry.

Heroin and other illegal drugs are readily available in our community. That is a sad fact of life. Stopping people using these substances is a common goal. But success will not come quickly or easily. Drug use is a very complex issue. The solutions are complex too.

We share a commitment to respond in various ways. Effective drug prevention methods, like drug education, are essential parts of any drug strategy. For those with drug problems, treatment and rehabilitation are vital. We are prepared to continually test new ways of helping those with health problems, including those caused by drug use. Stronger and different law enforcement measures can also help. However, they cannot eliminate all drugs. The truth is that no country has been able to achieve this goal,

despite immense efforts and billions of dollars.

For all these strategies there is widespread community support. We should all acknowledge that fact. As a united community we should also look for better ways to prevent drug use, to help drug users even more, to assist police to identify and prosecute drug traffickers.

We believe that more can and should be done in these areas.

The proposed trial of supervised injecting facilities is another worthwhile attempt to improve community safety and save lives. We believe there is a very good chance that this will be the outcome. These facilities should allow drug users to access treatment, rehabilitation and other support services. These facilities must be located, as proposed, in places of high public drug use. They must, as proposed, be strictly managed. They must, as proposed, be scientifically evaluated. Alone, they won't stop drug use. That is not the aim. But they will probably reduce risks to everyone. Importantly, they will very likely reduce the heroin death toll.

We believe this is an objective worth pursuing and an important message to send. It reflects our common desire for the best and safest community for ourselves and our children.

Signed

The Hon Justice Sally Brown

Mr Brian Jamieson

Professor Emeritus Sir Gustav Nossal AC CBE FAA FRS

Professor Suzanne Cory AC FhD FAA FRS

Mr David Parkin

Mr Michael Robinson

The Rt Hon Sir Zalman Cowen AK GCMG GCVO QC DCL

Dame Elisabeth Murdoch AC DBE

Dr Michael Sedgley

附录三 英联邦案例汇编案例样本

[HIGH COURT OF AUSTRALIA.]

JOHN McGRATH MOTORS (CANBERRA) PTY. LIMITED . . . . } APPELLANT;
DEFENDANT,

AND

APPLEBEE . . . . RESPONDENT.
PLAINTIFF,

ON APPEAL FROM THE SUPREME COURT OF THE AUSTRALIAN CAPITAL TERRITORY.

H. C. OF A.
1963-1964.

SYDNEY,

1963,
Dec. 6;

1964,
Feb. 4.

Kitto,
Taylor
and
Owen JJ.

Sale of Goods—Fraudulent misrepresentation—Motor car—Description by salesman as "new"—Whether understood by parties to mean "not second-hand" or "of recent origin"—No evidence that description by salesman was to his knowledge false or made with reckless indifference as to its truth or falsity.

The defendant, a dealer in new and second-hand cars, sold to the plaintiff a car which had not earlier been sold by retail, but which had been manufactured seventeen months earlier. The salesman described the car as "new".

Held, that whether the parties understood "new" to mean "not second-hand" or alternatively "of recent origin", there was no evidence that the salesman used the words as meaning other than "not second-hand" and therefore a finding that he was fraudulent could not be supported.

Akerhielm v. De Mare, [1959] A.C. 789, at p. 805, referred to.

Decision of the Supreme Court of the Australian Capital Territory (*Dunphy J.*) reversed.

APPEAL from the Supreme Court of the Australian Capital Territory.

Joseph Northey Applebee sued John McGrath Motors (Canberra) Pty. Limited to recover damages for fraudulent misrepresentation. Prior to the hearing the plaintiff died and it was ordered that all future proceedings of the action be carried on by his widow Nora Josephine Applebee, as administratrix *ad litem*. The action came on for hearing before *Dunphy J.*, sitting without a jury, who found a verdict for the plaintiff in the sum of £183 10s. 0d. with costs.

On 6th December 1962 the High Court (*Dixon C.J.*, *McTiernan* and *Kitto* JJ.) granted the defendant special leave to appeal. The facts are sufficiently set forth in the judgment of the Court hereunder.

Specimen 1. *The Commonwealth Law Reports*, *Volume 110*, *page 656*.

样本一 《英联邦案例汇编》第110卷，第656页。

110 C.L.R.]　　OF AUSTRALIA.　　657

H. C. OF A.
1963-1964.

JOHN
McGRATH
MOTORS
(CANBERRA).
PTY. LTD.
v.
APPLEBEE.

T. E. F. Hughes Q.C. (with him *T. Simos*), for the appellant. The trial judge overlooked the basic principle that in assessing whether a man's mind is tainted by fraud, one does not adopt an objective approach to the interpretation of the representation, but a subjective one. The enquiry should not be what "new" means as a matter of law, or mixed fact and law, but what it meant to the man who made the representation. His mind may have been misinformed, but if it was genuinely misinformed, the element of fraud is absent. [He referred to *Akerhielm* v. *De Mare* (1); *Marcus Clark (Victoria) Ltd.* v. *Brown* (2); *Anderson* v. *Scrutton* (3); *Morris Motors Ltd.* v. *Lilley* (4); *Morris Motors Ltd.* v. *Phelan* (5); *Hornal* v. *Neuberger Products Ltd.* (6); *Angus* v. *Clifford* (7).]

R. Lord, for the respondent. The period of time that had elapsed between manufacture and sale was sufficient evidence, even if the car was a current model and had never been used for any purpose, for the trial judge to say that the car was not a new one in the circumstances of the transaction. [He referred to *Andrews Brothers (Bournemouth) Ltd.* v. *Singer & Co. Ltd.* (8).] In the light of his experience, in the light of his opportunities and in the light of his position with the defendant company, the salesman acted with reckless indifference when he represented the vehicle to be new.

Cur. adv. vult.

1964, Feb. 4.

THE COURT delivered the following judgment:—

This is an appeal by special leave from a judgment of the Supreme Court of the Australian Capital Territory (*Dunphy* J.) by which damages amounting to £183 10s. 0d. were awarded to the plaintiff in an action of fraud. The original plaintiff was Joseph Northey Applebee but in the course of the proceedings he died and his widow was appointed administratrix *ad litem* for the purposes of the action.

The defendant, now the appellant, was a dealer in new and second-hand motor cars and, in October 1961, it had for sale in its showroom at Canberra a 1960 model Ford Prefect sedan car. It was a new car in the sense that it was not second-hand. It had not earlier been sold by retail and had not been used except to drive it to the defendant's showroom from Sydney, a normal

(1) [1959] A.C. 789.
(2) [1928] V.L.R. 195; (1928) 40 C.L.R. 540.
(3) [1934] S.A.S.R. 10.
(4) [1959] 1 W.L.R. 1184.
(5) [1960] 2 All E.R. 208.
(6) [1956] 3 All E.R. 970.
(7) [1891] 2 Ch. 449.
(8) [1934] 1 K.B. 17.

VOL. CX—42

Specimen 1. The Commonwealth Law Reports, Volume 110, page 657

样本一　《英联邦案例汇编》第 110 卷，第 657 页。

660　　　　　　　　　　HIGH COURT　　　　　　　[1963-1964.

H. C. OF A.
1963-1964.

JOHN
McGRATH
MOTORS
(CANBERRA)
PTY. LTD.
v.
APPLEBEE.

Kitto J.
Taylor J.
Owen J.

falsity, but whether he honestly believed the representation to be true in the sense in which he understood it albeit erroneously when it was made." : *Akerhielm v. De Mare* (1).

The appeal must therefore be allowed and it is unnecessary to deal with a further submission that, in considering the question of damages, his Honour followed the principles applicable to the assessment of damages for breach of warranty and not those to be applied in cases of fraud.

The judgment should be set aside and in its place judgment entered for the defendant. Counsel for the appellant told us that if the appeal was successful he did not ask for any order for costs of the original hearing or of the appeal. Accordingly we make no order as to the costs of the appeal and the judgment for the defendant is not to carry costs.

> *Appeal allowed. Judgment of Supreme Court set aside. In lieu thereof order that judgment be entered for defendant without costs. No order as to the costs of the appeal.*

Solicitors for the appellant, *Macphillamy, Cummins and Gibson*, Canberra, by *Freehill, Hollingdale & Page.*
Solicitors for the respondent, *B. R. Gallen & Kelly*, Canberra:

C. S. C. S.

(1) [1959] A.C. 789, at p. 805.

Specimen 1. *The Commonwealth Law Reports, Volume 110, page 660.*

样本一　《英联邦案例汇编》第 110 卷, 第 660 页。

522　　　INFANTS AND CHILDREN　　　[Vol. XXVIII

Sect. 1. *In general, cont.*]

& after her death refused to pay the £1,000:—
Held: as the wife was not misled by the misrepresentation, the settlement was not binding upon the husband when he came of age.—NELSON *v.* STOCKER (1859), 4 De G. & J. 458; 28 L. J. Ch. 760; 33 L. T. O. S. 277; 5 Jur. N. S. 751; 7 W. R. 603; 45 E. R. 178, L. JJ.

Annotations:—Apld. Mohori Bibee *v.* Dharmodas Ghose (1903), 19 T. L. R. 295. Consd. Leslie *v.* Sheill (1914) 3 K. B. 507. Held. Burton *v.* Levey (1891), 7 T. L. R. 248.

384. —— Assurance of land — Whether set aside.]—If an infant *feme covert*, with intent to levy a fine to the uses of herself & husband, declare herself of age, when examined by comrs. under a *dedimus potestatem*, when in fact she was greatly under age, yet the fine cannot be set aside, although there is strong grounds that the examination was collusive.—BARROW *v.* PARROT (1677), 1 Mod. Rep. 246; 86 E. R. 858; *sub nom.* PERROT'S CASE, 2 Vent. 30.

385. Creditor not misled.]—STIKEMAN *v.* DAWSON, No. 382, *ante.*

386. ——]—NELSON *v.* STOCKER, No. 383, *ante.*

387. ——]—If persons choose to supply goods to an infant on credit, they take the chance of being paid. Such is the law, & I am not prepared to say that there is any absurdity or hardship in it, or that it ought to be altered. That is not my province. It is said, however, that a different rule prevails in eq., & that when an infant has committed a fraud by representing that he is not an infant in order to obtain possession of goods, he can be made liable in eq. for the misrepresentation. In such cases the ct. has taken into consideration the appearance of the infant, for that is a very material matter. If the representation were made by a boy of ten years old, it would be impossible that the person to whom it was made could have relied on it. But if a man who is apparently of full age represents that he is of full age, the person to whom he makes the representation may well be deceived by it. An infant is capable of committing a fraud in eq. just as he is capable of committing a crime, & may be made liable for it (JESSEL, M.R.).

An infant does not by filing a liquidation petition acquire full age. ... He cannot ... either obtain advantages or entail on himself the disadvantages of such a proceeding. By adopting a proceeding which would only be valid if he was an adult he does not make himself an adult; he cannot in that way alter his status of infancy (JESSEL, M.R.).—*Re* JONES, *Ex p.* JONES (1881), 18 Ch. D. 109; 50 L. J. Ch. 673; 45 L. T. 193; 29 W. R. 747, C. A.

Annotations:—Refd. Taylor *v.* Johnston (1882), 19 Ch. D. 603; Duncan *v.* Dixon (1890), 44 Ch. D. 211; Woolf *v.* Woolf, (1899) 1 Ch. 343; Stocks *v.* Wilson, (1913) 2 K. B. 235; Leslie *v.* Sheill, (1914) 3 K. B. 607. *Re* L. A. & B. F. M., Official Receiver *v.* The Debtor (1928), 95 L. J. Ch. 133. *Re* Debtor (No. 564 of 1949), *Ex p.* Customs & Excise Comrs. *v.* Debtor, (1950) 1 All E. R. 308.

388. Knowledge of infant.]—WRIGHT *v.* SNOWE, No. 394, *post.*

389. Charge given during infancy—Subsequent charge—Knowledge of mortgagee.]—An infant charged his reversionary interest in a fund with payment of a sum lent to him upon his promissory note, & executed a statutory declaration stating, untruly, that he was then of full age. After attaining twenty-one, he mortgaged his interest in the fund for an amount, exceeding what was ultimately available without disclosing the fact of the prior charge:—*Held:* the charge given by

---

the infant during his infancy & incapacity to contract was avoided by the subsequent mtge. executed by him when of full age & capable of contracting to a mtge. without notice.—INMAN *v.* INMAN (1873), L. R. 15 Eq. 260; 21 W. R. 433.

<u>SCOTTISH, IRISH AND COMMONWEALTH CASES</u>

179. No advantage from own fraud.]—In a ct. of eq. an infant stands in no different position from a person of full age in relation to matters of fraud, & therefore if he makes a representation upon which another person acts, he will not be allowed to impeach the validity of it on the ground of his minority.—WILSON *v.* JONES (1881), 21 N. B. R. 4.—CAN.

180. Knowledge of infant.]—Where an infant obtained a loan upon the representation, which he knew to be false, that he was of age:—*Held:* no suit to recover the money could be maintained against him, there being no obligation binding upon the infant which could be enforced upon the contract either at law or in eq.—DHARMULL *v.* RAM CHUNDER GHOSE (1890), I. L. R. 24 Calc. 283; 1 C. W. N. 270.—IND.

*181. —— minor representing himself to be of full age sold certain property to A. M executed a registered deed of sale. The deed contained a recital that he was twenty-two years of age:—*Held:* in a suit by him to set aside the sale on the ground of his minority, he was estopped.—GANPAT LALA *v.* BAPU (1893), I. L. R. 21 Bom. 108.—IND.

182. Charge given during infancy—Subsequent charge—Knowledge of mortgagee.]—A married woman under twenty-one but representing herself to be of full age, conveyed land to a *bona fide* purchaser for value, & the conveyance was duly registered. After attaining majority, the married woman & her husband joined in a voluntary deed to another person as trustee for her, & he subsequently sold the land, & his vendee, on the same day, gave a mtge. thereon:—*Held:* the married woman, notwithstanding her nonage, was bound by her representations as to her being of age; & the other parties having acquired their interests with full knowledge of the existence of the deed by her to the purchaser, & after the registration thereof, took subject to all the rights of the purchaser.—BENNETTO *v.* HOLDEN (1874), 21 Gr. 222.—CAN.

<u>SUB-SECT. 2. RESTITUTION</u>

390. Whether ordered against infant—Money lent.]—STOCKS *v.* WILSON, No. 221, *ante.*

391. ——]—An infant obtained loans from a firm of money-lenders by a fraudulent misrepresentation that he was of full age:—*Held:* the infant was not liable to repay the loans either as damages for fraudulent misrepresentation, or as moneys had & received by the infant to the use of the lenders, or on the ground that the infant was compellable in eq. to refund the moneys which he had obtained by fraud.—LESLIE (R.) LTD. *v.* SHEILL, (1914) 3 K.B. 607; L. J. K. B. 1145; 111 L. T. 106; 30 T. L. R. 460; 58 Sol. Jo. 453, C. A.

Annotations:—Refd. Fawcett *v.* Smethurst (1914). 84 L. J. K. B. 473; Mahomed Syedol Ariffin *v.* Yeoh Ooi Gark, (1916) 2 A. C. 575.

<u>SCOTTISH, IRISH AND COMMONWEALTH CASES</u>

183. Whether ordered against infant—Money lent.]—Where a minor has obtained money by misrepresenting his age, that amounts to fraud & he may be made to refund it, but in the absence of fraud a refund cannot be ordered.—VILLENTTAMMA PILLAI *v.* AUTHIMOOLAM CHETTIAR (1914), I. L. R. 38 Mad. 1071.—IND.

184. ——]—Whether or not the doctrine of estoppel applies to a contract entered into by a minor, where persons who are in fact under age by false & fraudulent misrepresentations as to their age induce others to purchase property from them, they are liable in eq. to make restitution to the purchasers for the benefit they have obtained before they can recover possession of the property sold.—JAGAR NATH SINGH *v.* LALTA PRASAD (1908), L. L. R. 31 All. 21.—IND.

185. ——]—Where an infant has obtained an advantage by falsely stating himself to be of full age, eq. will restore his litigation gains & release the party deceived from obligations or acts in law induced by the fraud.—KUMAR GANGANAND SINGH *v.* MAHARAJAH SIR RAMESWAR SINGH BAHADUR (1927), I. L. R. 6 Pat. 388.—IND.

186. ——]—*Held:* a minor, who has entered into a contract by means of a false representation as to his age, though not liable under the contract, may, in eq., be required to return the benefit he has received by making a false representation as to his age, whether he be a deft. or pltf.—KHAN GUL *v.* LAKHA SINGH (1928), I. L. R. 9 Lah. 701.—IND.

Specimen 2. *The English and Empire Digest*, *Replacement Volume 28.*

样本二　《大英帝国判例摘要》修订版第28卷。

861 862

INSURANCE.

Scope Note.

[This title includes cases on Insurance generally including Life, Fire, Marine, Accident and Third Party Liability, Guarantee, Motor Car and Animal Insurance. Cases on Workers' Compensation and Employers' Liability policies will be found under the title WORKERS' COMPENSATION. For general contract law *see* title CONTRACT and cross references therein.

The cases have been classified under the particular classes of insurance in respect of which they arise. Where matters of general principle, *e.g.*, misrepresentation and non-disclosure, are involved (whether there are or are not cases on that matter digested under the particular class of insurance with which the reader is dealing) reference should be made to the cases on such matters under all classes of insurance.

Contents.

[6]   2. THE CONTRACT. B. *Warranties, Representations, etc.*   [6]

[6] Sec. (iii) Agent Filling in Proposal.

(*See also* [10] and for agency generally see title PRINCIPAL AND AGENT.)

For cases on the same subject-matter in other classes of insurance—see [39] and last paragraph of scope notes.

Estoppel generally—*see* title ESTOPPEL.

Illiterate person, execution of documents by—*see generally* title MISTAKE.

Canvasser filling in answers without reference to assured—Previous knowledge of their untruth—Illiterate assured.]—M., a proponent for insurance, was illiterate. A canvasser of the society called upon him at his farm and suggested that he insure with it. M. said that another assurance society had "turned him down" as a first-class life. Subsequently the canvasser saw M. in Brisbane, and requested him to visit the society's office and see the manager. M. did so, and proposed for assurance with the society. The manager instructed the canvasser to get the proposal form filled up and completed. The canvasser filled in the answers to the questions in the proposal form without reference to M. One of the questions in the proposal form was: "Have you ever proposed to this society or any other office for life assurance? If so, state when, amounts proposed, whether accepted, withdrawn, deferred or declined." This question the canvasser answered untruly, and without M. knowing or suspecting that it was untruly answered. A jury found that the canvasser wrote the answers to the questions knowing them to be incorrect or incomplete, and without caring whether they were or were not correct or complete; and that in filling in the answers to the questions the canvasser was acting as agent for the society. *Held*, that the canvasser did not act as agent for the assured towards the society, and that the policy was not avoided for fraud on the part of the assured or his agent.

MAYE *v.* COLONIAL MUTUAL LIFE ASSURANCE SOCIETY LTD. (1924) 35 C.L.R. 14; 30 A.L.R. 329. (H.C.).

Agent filling in proposal—Negligent reading of question—Answer incorrect as answer to written question—Correct as answer to oral question—Estoppel of insurer.]—With the intention of entering into a contract of insurance, A. signed a form of application containing certain questions and his answers thereto. A. warranted the truth of his answers, and agreed that they should form the basis of the contract. B., the local manager of the company, read the questions out to A., and, having received the answers, B. wrote them down. B., in the course of reading out the questions, read one out in a way different from that in which it appeared on the paper, and according to the way it was read out, A. answered it correctly, but according to the way it was printed the answer was not true. There was nothing to prevent A. from reading over the questions and answers before signing the application. *Held*, that the company was estopped from setting up the breach of warranty on the ground that such breach was caused by the misconduct or negligence of its own agent. [13 A.L.T. 21 affd.]

BALLANTYNE *v.* MUTUAL LIFE INSURANCE CO. OF NEW YORK (1891) 17 V.L.R. 520; 13 A.L.T. 161. (*Vic. Sup. Ct. F.C.*).

Contract protecting principal against frauds committed by agent.]—A. having repudiated a policy of insurance issued to him by the E. Insurance Co., claimed repayment of the premium on the ground that his proposal was induced by fraudulent misrepresentation on the part of the company's agent. To a declaration containing counts for money had and received, and also for deceit, the company delivered *inter alia* a plea based on the following declaration and agreement, contained in the proposal:—"I declare that I understand the terms and conditions of the class and table selected, and I agree to accept the company's policy subject to the terms and conditions to be contained therein. I also agree that no statements, promises, or information made or given by or to the person canvassing for or taking this proposal or by or to any other person shall be binding on the company or affect its rights in any way whatsoever, unless such statements, promises, or information are reduced to writing, and indorsed on this proposal and are accepted by the directors of the company." *Held*, on demurrer, that the plea was bad, because if the declara-

240 INFANTS

PT II. GUARDIANS [5-11]. 1948.

DIVN 1. RIGHTS AS TO INFANT'S PERSON [5]. 1955.

DIVN 4. APPOINTMENT BY COURT.
A. In What Circumstances [8]. 1958.

PT IV. CUSTODY [12-18]. 1956 '58.

DIVN 1. IN GENERAL [12]. 1948 '50 '53 '54 '55 '56 '57 '58.

DIVN 2. WHO MAY MAKE APPLICATION [13]. 1958.

DIVN 3. WELFARE OF CHILD [14]. 1952 '54 '55 '57 '58 '59.

DIVN 4. RIGHTS OF PARENTS [15-16]. 1955 '57.
A. Between Themselves [15]. 1948 '50 '52 '53 '54 '55 '57 '59.
B. Against Third Persons [16]. 1950.

DIVN 6. MISCELLANEOUS CASES [18]. 1950 '51 '53 '57.

PT V. EDUCATION.

DIVN 2. RELIGIOUS EDUCATION [20]. 1950 '58.

PT VI. PROPERTY.

DIVN 1. POWERS OF COURT [21]. 1948 '55 '56 '57 '58 '59.

DIVN 4. SETTLEMENTS BY AND UPON INFANTS [24]. 1952.

DIVN 5. CONVEYANCES AND MORTGAGES TO AND BY INFANTS [25]. 1948.

PT VII. ADVANCEMENT [29]. 1959.

PT VIII. MAINTENANCE.

DIVN 1. IN GENERAL [30]. 1955 '58.

PT IX. CONTRACTS.

DIVN 1. IN GENERAL [34]. 1948.

DIVN 2. LIABILITY DURING INFANCY.
B. Necessaries [36]. 1956.

DIVN 3. LIABILITY AFTER ATTAINING MAJORITY [38]. 1956.

DIVN 5. RECOVERY BACK OF MONEY AND PROPERTY [40]. 1956.

DIVN 7. RELEASES, RECEIPTS, DISCHARGES, COMPROMISES [42]. 1953 '55 '56.

PT X. TORTS.

DIVN 1. IN GENERAL [43]. 1952.

DIVN 2. CONTRIBUTORY NEGLIGENCE [44]. 1956 '58 '59.

PT XI. ILLEGITIMATE CHILDREN.

DIVN 1. LEGITIMATION [46]. 1948 '51 '54.

DIVN 3. CUSTODY AND EDUCATION [48]. 1948 '50 '57 '58.

DIVN 4. OTHER CASES [49]. 1951 '54 '57 '58.

PT XII. ADOPTION [50]. 1950 '51 '53 '54 '55 '56 '57 '58 '59.

PT XIII. LEGAL PROCEEDINGS.

DIVN 1. ACTIONS BY AND ON BEHALF OF INFANTS.
A. In General [51]. 1949 '53 '59.
B. Whether Next Friend Necessary [52]. 1949 '59.
C. Procedure Where Next Friend Necessary.
(ii) Next Friend.
(a) In General [54]. 1958.
(b) Who may Act or be Appointed [55]. 1948.

DIVN 2. ACTIONS AGAINST INFANTS.
C. Guardian Ad Litem.
(i) In General [60]. 1948.
(iii) The Appointment.
(a) Who may be Appointed [64]. 1948.

DIVN 4. COMPROMISES [66]. 1953 '55 '56 '57 '58.

DIVN 6. COSTS [68]. 1954 '55 '58.

PT XIV. CRIMES AND OFFENCES BY AND AGAINST CHILDREN.

DIVN 1. IN GENERAL [69]. 1953 '54 '57 '58.

DIVN 2. CHILDREN'S COURTS [70]. 1955 '57 '58.

DIVN 3. NEGLECTED AND UNCONTROLLABLE CHILDREN AND YOUNG PERSONS [71]. 1956 '57 '58.

DIVN 4. ASSAULT — PARENTAL AND QUASI-PARENTAL AUTHORITY [72]. 1955 '59.

DIVN 5. NEGLECTING, ABANDONING, DESERTING A CHILD [73]. 1950.

DIVN 7. OTHER CASES [75]. 1950.

[Articles. 1948—Legitimacy in Relation to Succession to Personality: 22 A.L.J. 254. 1950—Mortgages of Land by Infants: 26 A.L.J. 278. 1953 — The Juvenile Delinquents Act 1929: 30 Canadian Bar Review 619. The Juvenile Law-Breaker in the U.S.S.R.: 4 Modern Law Review 472. 1955—Double Legitimacy: 29 A.L.J. 237. Infants as Shareholders: 28 A.L.J. 407. Rival Claims of Parents in Custody Suits: 2 Univ. Q.L.J. 133.

Specimen 5. *The Australian Digest Master Volume 1948—1959.*

样本五 《澳大利亚判例摘要》主合订本第 1948—1959 年卷。

附录四　拉丁文等外来语在英美法上字汇对照表 *

ab extra	—	from without
ab initio	—	from the beginning
ab intra	—	from within
ab origine	—	from the beginning
addendum (pl. addenda)	—	something to be added
ad hoc	—	special, arranged for the purpose
ad infinitum	—	to infinity
a fortiori	—	with stronger reason; more conclusively; all the more so
amicus curiae	—	a friend of the court
animus furandi	—	the intention to steal
ante	—	before
a posteriori	—	from the latter; (reasoning) from effects to causes
a priori	—	from the former; (reasoning) from cause to effect
audi alteram partem	—	hear the other side
au fait	—	acquainted with the facts; expert; proficient
ceteris paribus	—	all things being equal
confer (cf.)	—	compare
contra	—	against; opposing
corpus delicti	—	the body, or substantial and essential facts of the crime
corrigendum (pl. corrigenda)	—	a thing to be corrected
cui bono?	—	for whose advantage is it? to what end?
de die in diem	—	from day to day
de minimis non curat lex	—	the law does not concern itself with trifles
de novo	—	anew
ergo	—	therefore
erratum (pl. errata)	—	error
et sequens, et sequentes, et sequentia (et seq.)	—	and the following
ex cathedra	—	from the chair; with authority
ex curia	—	out of court
exempli gratia (e.g.)	—	for example

---

* 拉丁文、法文等用在英美法判例及文件者所在多有，为精确起见，以英文解释说明比较适宜。

ex gratia	—	of or by favour; in law, implying absence of legal right
ex mero motu	—	of his own free will
ex officio	—	by right of office
ex parte	—	of one part or side; an ex parte application is an application by one side when the other is not, or does not need to be, present
ex post facto	—	from after the deed
fiat justitia	—	let justice be done
felo de se	—	a suicide
fons et origo	—	the source and origin
force majeure	—	irresistible compulsion
flagrante delicto	—	in the very act of committing the offence
functus officio	—	having performed the functions of his office; deprived of further jurisdiction in a case
ibidem (ibid., ib.)	—	in the same place
idem (id.)	—	the same
imprimatur	—	sanction
in absentia	—	in the absence of
in camera	—	in private
in curia	—	in court
in esse	—	in being, in actuality
in extenso	—	at full length
in forma pauperis	—	in the form or character of a poor person
in foro domestico	—	in a domestic court
infra	—	below
in limine	—	at the outset; on the threshold
in loco	—	in place; in the proper place
in loco citato (in loc. cit. or loc. cit.)	—	in the place cited
in loco parentis	—	in the place of a parent
in personam	—	against the person
in propria persona	—	in one's own person or character
in re	—	in the matter of; in regard to
in rem	—	against the thing
in situ	—	in place; in its original position
inter	—	between
inter alia	—	among other things
inter alios	—	between other persons; between persons who are strangers to the matter in dispute
inter se	—	among (or between) themselves; mutually

inter vivos	—	between living persons
in toto	—	in its entirety
intra	—	within
intra vires	—	within power
ipse dixit	—	he himself said it; an unsupported statement
ipsissimis verbis	—	in the exact or identical words
ipso facto	—	by the act or fact itself; automatically
ipso jure	—	by the law itself; legally
lacuna	—	a gap; defect; loss
lèse majesté	—	high treason
lex loci	—	the law of the place
lex non scripta	—	unwritten law
loco citato (loc. cit.)	—	in the place quoted
locum tenens	—	holding the place; temporary substitute
locus in quo	—	the place in which
magnum opus	—	a great work
mala fide	—	in bad faith
manuscripta (MSS)	—	manuscripts
manuscriptum (MS)	—	manuscript
modus operandi	—	manner of working; procedure
mores	—	manners
motu proprio	—	of his own accord
mutatis mutandis	—	the necessary changes having been made
nolle prosequi	—	unwilling to prosecute
non sequitur	—	it does not follow
nota bene (N.B.)	—	note well
opere citato (op. cit.)	—	in the book previously mentioned
pari passu	—	of the same grade; at the same rate
partim	—	in part
passim	—	here and there; indiscriminately; often used to indicate a very general reference to some authoritative publication
per annum	—	by the year
per capita	—	for each person
per contra	—	on the contrary
per diem	—	by the day
per mensem	—	by the month
per se	—	by itself; considering nothing but itself
persona grata	—	an acceptable person
persona non grata	—	an unacceptable person
pis aller	—	last resort or expedient
post	—	after

post hoc, ergo propter hoc	—	after this; therefore, because of this; in logic, the fallacy of thinking that a happening which follows another must be its result
post mortem	—	after death
postscripta (P.SS.)	—	postscripts
postscriptum (P.S.)	—	postscript
prima facie	—	at first sight; on the face of
pro et (and) con	—	for and against
pro forma	—	for the sake of form; sometimes, a printed form to be filled in
pro rata	—	in proportion; according to the share of each
pro tanto	—	for so much; for as far as it goes
pro tempore (pro tem.)	—	for the time being
proximo (prox.)	—	of the next succeeding month
qua	—	as, in the capacity of his, her or its character only
quantum	—	quantity or amount
quaere	—	it is a question
quasi	—	as if; seemingly
qui tam	—	who as well; in law, an action brought on a penal statute both on behalf of a private litigant and the Crown
quoad hoc	—	to this extent
re	—	in the matter of; regarding
reductio ad absurdum	—	reducing (a proposition) to the absurd; demonstrating by analogy that a proposition is ridiculous
res ipsa loquitur	—	the thing speaks for itself
res judicata	—	in law, a case already decided
scilicet	—	namely (in law)
secundum	—	according to
seriatim	—	one after the other in order; point by point
sic	—	so
sine die	—	without day; without appointing a day for continuation of a case
sine qua non	—	without which not; an indispensable condition
stare decisis	—	to abide by things decided
statim (stat.)	—	immediately
status quo	—	the state in which it was (or is)
stet	—	let it stand; do not delete
sub judice	—	under adjudication
sub poena	—	under a penalty
sub rosa	—	under the rose (literal); secretly

sub voce (s.c.)	—	under the specified word
sui juris	—	in his, or her, own right (literal); in law, legally competent to manage one's own affairs
sui generis	—	of its own kind; unique
supra	—	above
tertium quid	—	a third something (literal); something intermediate; in argument, a common meeting ground
tour de force	—	a feat of strength; a skilful accomplishment
tout à fait	—	entirely, wholly
ubi jus ibi remedium	—	there is no wrong without a remedy
ubique	—	everywhere
ubi supra (u.s.)	—	in the place above mentioned
ultimo (ult.)	—	of the last preceding month
ultra vires	—	beyond power
verbatim	—	word for word; in exactly the same words
verbi gratia (v.g.)	—	for example
vexata quaestio	—	a disputed question
via media	—	a middle way; a happy mean
vice versa	—	the terms of the case being reversed
vide	—	see
vide ut supra	—	see what is stated above
viva voce	—	orally
volte face	—	a change of front